W0321652

Arbeitsheft

Fachkenntnisse 2 Zerspanungsmechaniker

Lernfelder 9–13

von
Reiner Haffer
Robert Hönmann

Handwerk und Technik – Hamburg

Bildquellenverzeichnis
Autoren und Verlag danken den genannten Firmen, Institutionen und Personen für die Überlassung von Vorlagen bzw. Abdruckgenehmigungen folgender Abbildungen:

ABB Automation GmbH Unternehmensbereich Robotics, Friedberg: S. 101.2 – **Arlows GmbH**, Langenhagen: S. 19.3 – **ATLANTIC GmbH**, Bonn: S. 3.1 – **August Rueggeberg GmbH & Co. KG PFERD-Werkzeuge**, Marienheide: S. 15.1a – **CHIRON-WERKE GmbH & Co. KG**, Tuttlingen: S. 94.2; 96.1 – **Datentechnik Reitz GmbH & Co. KG**, Breidenstein: S. 104.1 – **DESCAM 3D Technologies GmbH**, Oberhaching: S. 91.1 – **DMG MORI**: S. 32.2; 48.1; 61.1; 65.1; 75.1; 78.1; 93.2; 98.1 – **E. ZOLLER GMBH & CO. KG**, Pleidelsheim: S. 32.1; 97.1 – **ECOROLL AG**, Celle: S. 30.1 – **ESA Eppinger GmbH**, Denkendorf: S. 65.2; 65.3 – **Felsomat GmbH & Co. KG**, Königsbach-Stein: S. 99.3 – **Festo SE & Co. KG**, Esslingen: S. 103.2 – **GRESSEL AG**, CH-Aadorf: S. 81.1 – **Gühring KG**, Albstadt: S. 58 QR-Code – **Härterei Tandler GmbH & Co. KG**, Bremen: S. 53.3 – **Reiner Haffer**, Dautphetal: S. 91.2; 92.1, 2, 3 – **Hermle AG** – www.hermle.de: S. 80.1 – **Hexagon Metrology GmbH**, Wetzlar: S. 132.3 – **Hoffmann SE**, München: S. 58.1; 59.2, 3; 113, 3, 4, 5, 6; 119.1, 2, 3 – **INDEX-Werke GmbH & Co. KG, Hahn & Tessky**, Esslingen: S. 66.1; 79.1, 2 – **Institut für Werkzeugmaschinen und Fabrikbetrieb, Technische Universität Berlin**, Berlin: S. 40.1 – **KADIA Produktion GmbH + Co.**, Nürtingen: S. 19.2 – **Kindt-Motoren Instandsetzung GmbH**, Lübeck: S. 19.4 – **Kuka**: S. 101.3; 102.1; 103.1 – **Metav Werkzeuge GmbH**, Emmerich: S. 132.2 – **MOLDINO Tool Engineering Europe GmbH**, Hilden: S. 26.1 – **Neosid Pemetzrieder GmbH & Co. KG**, Halver: S. 95.1c – **Nordmann GmbH & Co. KG**, Hürth: S. 42.1, 2, 3 – **OPEN MIND Technologies AG**, Wessling: S. 63.1; 90.2 – **PROMOT Automation GmbH**, A-Roitham am Traunfall: S. 99.1 – **Sandvik Tooling Deutschland GmbH, GB Coromant**, Düsseldorf: S. 23.1, 2a+b; 24.1; 25.2; 37.1; 39.2, 3, 4, 5; 46.1; 47.2; 59.1 – **Roland Schnurr**, Ottenhöfen – www.sixsigmablackbelt.de: S. 153.1 – **SCHUNK GmbH & Co. KG, Spann- und Greiftechnik**, Lauffen/Neckar: S. 35.1; 81.2a+b – **Schwäbische Werkzeugmaschinen GmbH**, Schramberg-Waldmössingen: S. 99.2 – **Shutterstock Images LLC**, New York, USA: S. 14.1 © Dovzhykov Andriy – **Siemens Digital Industries Software**: S. 90.1 – © **SSI SCHÄFER, iStock.com/urfinguss**: S. 100.1 – **stock.adobe.com**: S. 36.2 © Kadmy – **Walter AG**, Tübingen: S. 26.2a+b; 26.3 – **Bruno Weihrauch**, Limburg-Dietkirchen: S. 40.2 – **Wolters AG**, Rendsburg: S. 22.2

ISBN 978-3-582-10023-8
Best.-Nr. 30207
Arbeitsheft – 1. Auflage

ISBN 978-3-582-10025-2
Best.-Nr. 30208
E-Book mit Lösungen – I/1. Auflage

Die Normblattangaben werden wiedergegeben mit Erlaubnis des DIN Deutsches Institut für Normung e.V. Maßgebend für das Anwenden der Norm ist deren Fassung mit dem neuesten Ausgabedatum, die bei der Beuth Verlag GmbH, Burggrafenstraße 6, 10787 Berlin, erhältlich ist.

Verlag Handwerk und Technik GmbH,
Lademannbogen 135, 22339 Hamburg; Postfach 63 05 00, 22331 Hamburg – 2020
E-Mail: info@handwerk-technik.de – Internet: www.handwerk-technik.de

Umschlagmotive:
1. Dipl.-Ing. Manfred Appel, A&I-Planungsgruppe, Lübeck
2. HUFSCHMIED Zerspanungssysteme GmbH, Bobingen
3. Hermle AG – www.hermle.de
4. Sandvik Tooling Deutschland GmbH, GB Coromant, Düsseldorf

Die technischen und grafischen Zeichnungen wurden nach Vorlagen ausgeführt von:
Dipl.-Ing. Manfred Appel, A&I-Planungsgruppe, Lübeck
Satz und Layout: KCS GmbH · Verlagsservice und Medienproduktion, Stelle/Hamburg
Druck: Elbe Druckerei Wittenberg GmbH, 06886 Wittenberg

9 Lernfeld 9

10 Lernfeld 10

11 Lernfeld 11

12 Lernfeld 12

13 Lernfeld 13

Grundlagen

1. Tragen Sie die Bezeichnungen **Schnittgeschwindigkeit**, **Vorschubgeschwindigkeit**, **Schleifkorn**, **Poren**, **Bindemittel** und **Späne** in die nebenstehende Abbildung ein.

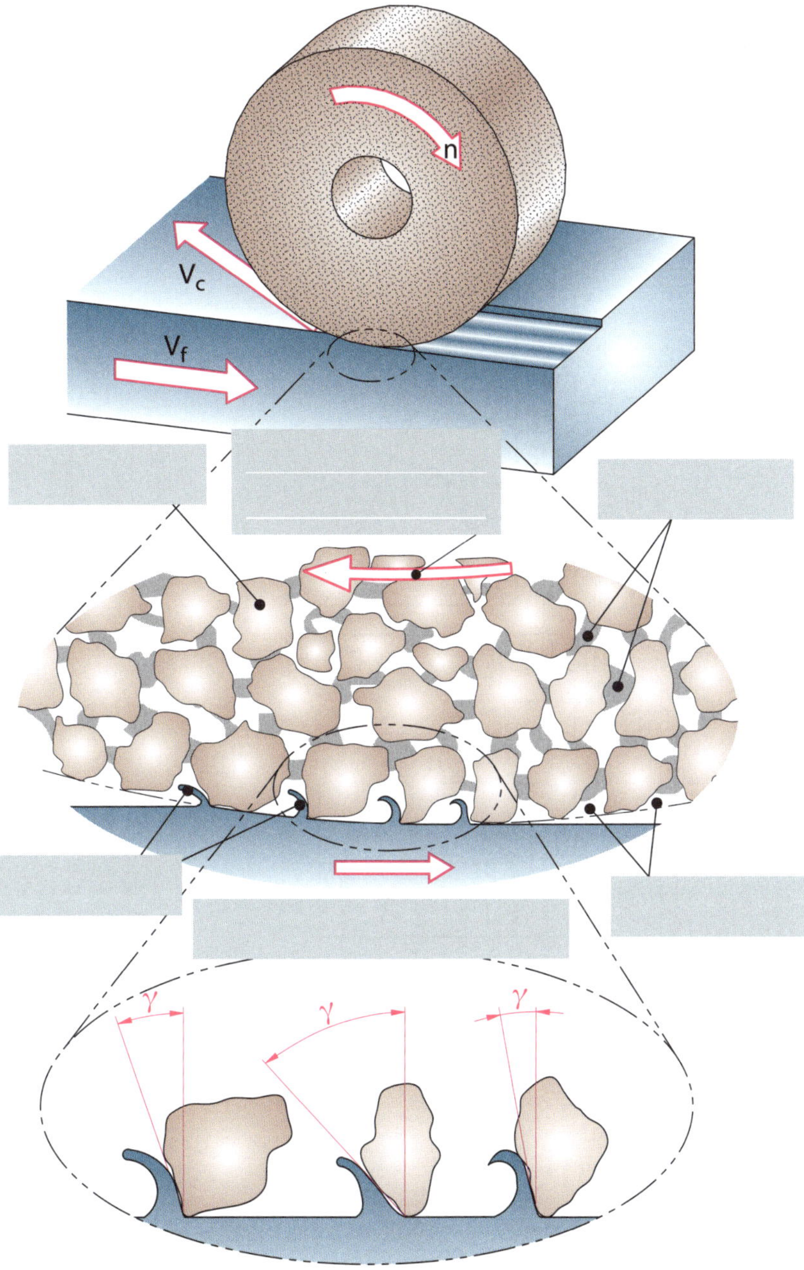

2. Treffen Sie eine Aussage bezüglich der Spanwinkel beim Schleifen.

3. Welche Werkstückeigenschaften sollen durch Schleifen erzielt werden?

4. Wie ist die Schnittgeschwindigkeit im Vergleich zum Drehen und Fräsen und in welcher Einheit wird sie angegeben?

5. Welche Temperaturen können beim Schleifen am Schleifkorn und am Werkstück entstehen, wenn ohne Kühlung gearbeitet wird?

Schleifkorn:

Werkstück:

Merke

Schleifen ist Spanen mit einem ________________ Werkzeug und geometrisch ________________ Schneiden.

Name:	Klasse:	Datum:

S. 328–347

Schleifkörperauswahl

Bei dem vorgefrästen Aufspannwinkel aus EN-GJL-250 sind zwei Seiten zu schleifen.

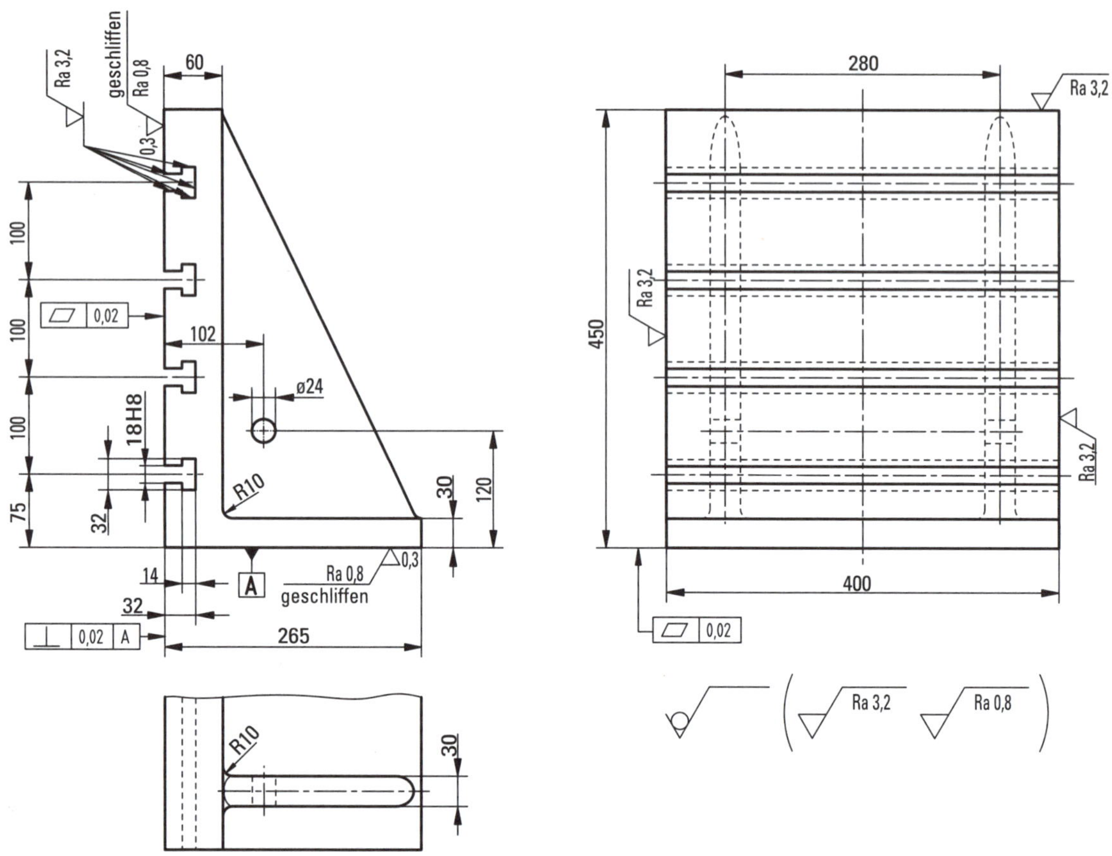

1. Welche Anforderungen werden an die beiden zu schleifenden Flächen gestellt?

Schleifmittel

2. Welches Schleifmittel ist für das Schleifen des Aufspannwinkels zu wählen?

3. Welches Schleifmittel würden Sie wählen, wenn der Aufspannwinkel aus GE240 wäre?

Merke

Die Auswahl der Schleifmittel richtet sich nach dem zu ______________________.

Name:	Klasse:	Datum:

Körnung

4. Was wird beim Schleifen unter **„Körnung"** verstanden?

5. Wählen Sie die Körnung für das Schleifen des Aufspannwinkels.

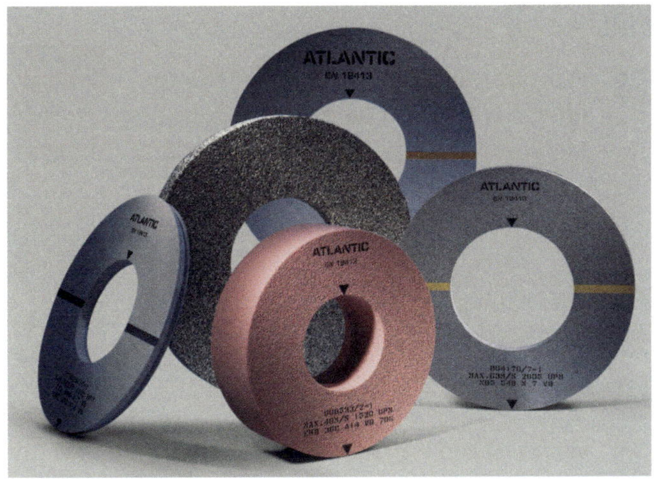

6. Für welches Schleifverfahren ist eine Körnung von 150 geeignet?

Merke

Die gewünschte _______________ und die _______________ es Schleifens legen die Körnung des Schleifmittels fest:

Je größer das Spanvolumen pro Minute, desto _______________ die zu wählende Körnung.

Je besser die geforderte Oberflächenqualität, desto _______________ die zu wählende Körnung.

Bindung

7. Welche Aufgaben übernimmt die **Bindung** (das Bindemittel) einer Schleifscheibe?

Bindungsart	Bezeichnung	Eigenschaften
Keramit	V	– formbeständig und porös – wasser- und ölbeständig – temperaturbeständig – schlag- und stoßempfindlich
Kunstharz	B	– dämpfend und wenig porös – höherer Festigkeit als bei Keramik – geringere Stoßempfindlichkeit
Kunstharz faserverstärkt	BF	– Fasern erzielen höhere Festigkeit und Zähigkeit und erhöhen die Sicherheit
Metall	M	– sehr hohe Festigkeit – stoßunempfindlich – hohe Standzeit
Gummi	R	– sehr elastisch – wasserfest – nicht ölbeständig

8. Wählen Sie eine Bindungsart für das Schleifen des Aufspannwinkels.

Name:	Klasse:	Datum:

S. 328–347

Härte

9. Worüber gibt die Angabe der **Härte** einer Schleifscheibe Auskunft?

Härtegrad	Bezeichnung	Anwendung
A bis D	äußerst weich	z. B. Seiten- und Innenrundschleifen von harten Werkstoffen
E bis G	sehr weich	
H bis K	weich	z. B. Umfangschleifen von mittelharten Werkstoffen
L bis O	mittel	
P bis S	hart	z. B. Feinschleifen
T bis W	sehr hart	z. B. Außenrundschleifen von weichen Werkstoffen
X bis Z	äußerst hart	

10. Wann ist die Härte der Schleifscheibe richtig gewählt?

11. Wählen Sie für den Schleifkörper zum Schleifen des Aufspannwinkels den **Härtegrad** aus.

Merke

Bei harten Werkstoffen sind ____________ Schleifkörper und bei weichen Werkstoffen ____________ Schleifkörper zu wählen.

Gefüge (Struktur)

12. Das **Gefüge** wird bei Schleifkörpern mithilfe einer Ziffer angegeben. Wie unterscheiden sich die Gefügeangaben 4 und 18 und für welche Schleifarbeiten sind sie geeignet?

13. Welches Gefüge wählen Sie für den Schleifkörper zum Schleifen des Aufspannwinkels?

14. Zum Schleifen der Aufspannplatte soll eine gerade Schleifscheibe mit einem Außendurchmesser von 500 mm, einer Breite von 60 mm und einem Bohrungsdurchmesser von 127 mm eingesetzt werden. Die zulässige Umfangsgeschwindigkeit soll 35 m/s betragen. Geben Sie die normmäßige Bezeichnung der Schleifscheibe mit den von Ihnen gewählten Eigenschaften an.

Name:	Klasse:	Datum:

Abrichten

1. Aus welchen drei Gründen sind Schleifscheiben abzurichten?

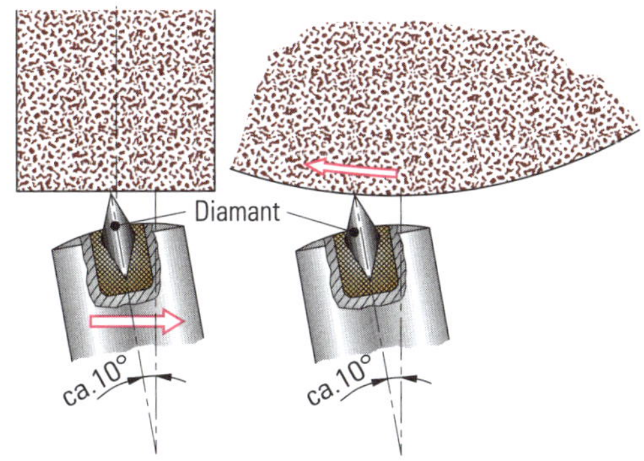

2. Warum wird beim **Abrichten** mit Diamantabrichtern (siehe oberes Bild) im ziehenden Schnitt gearbeitet?

3. Beschreiben Sie das Abrichten der im mittleren Bild dargestellten Profilschleifscheibe mit einem Abrichtdiamanten.

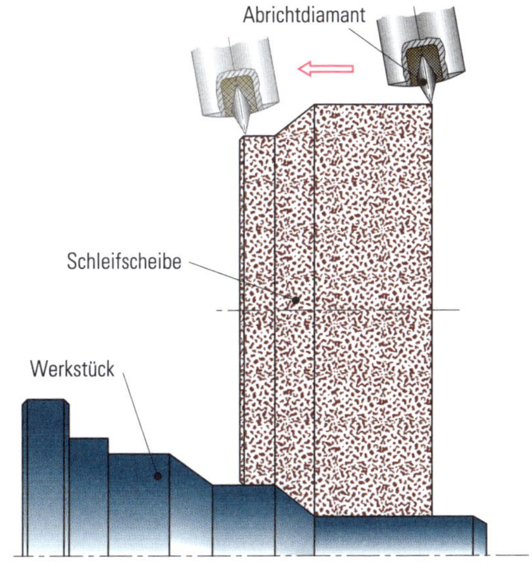

4. Aus welchem Grunde wird eine Abrichtrolle (siehe unteres Bild) eingesetzt und welche Vorteile besitzt das Verfahren?

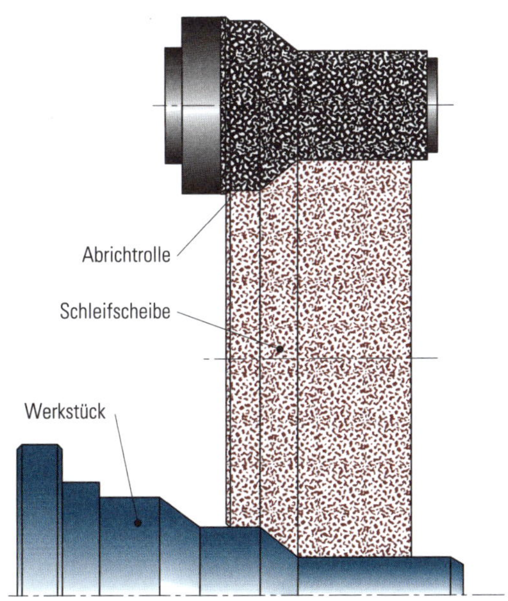

5. Wann wird die Schleifscheibe zum ersten Mal abgerichtet?

Name:	Klasse:	Datum:

Auswuchten

1. Was ist die Ursache, wenn eine Schleifscheibe auch nach dem Abrichten eine Unwucht aufweist?

2. Um welche Art der Unwucht handelt es sich bei der nebenstehenden Abbildung?

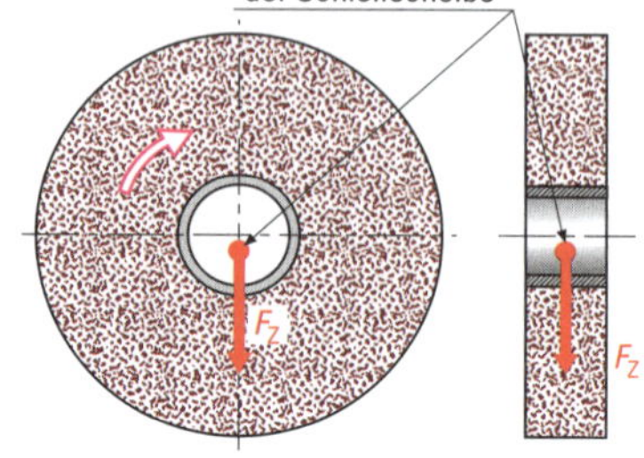

3. Was ist das Kennzeichen der dargestellten Art der Unwucht?

4. Was ist das Kennzeichen der dargestellten Art der Unwucht?
Welche Auswirkungen hat diese Art der Unwucht auf Schleifscheibe, Schleifspindel und Werkstück?

5. Beschreiben Sie mithilfe des nebenstehenden Bildes das statische Auswuchten.

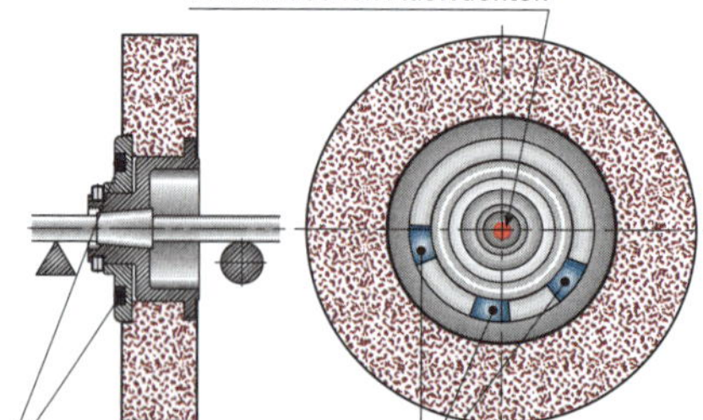

6. Um welche Art der Unwucht handelt es sich bei der nebenstehenden Abbildung?

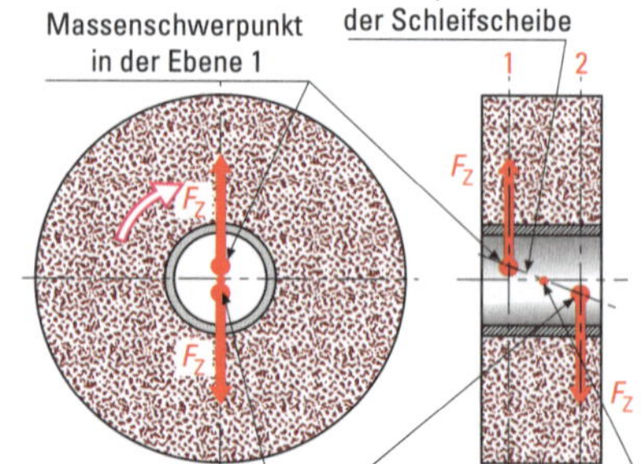

7. Was ist das Kennzeichen der dargestellten Art der Unwucht?

Name:	Klasse:	Datum:

8. Welche Auswirkungen hat die dynamische Unwucht auf die Schleifscheibe?

9. Beschreiben Sie das Prinzip des dynamischen Auswuchtens.

Sicherheit und Unfallverhütung

1. Aus welchem Grund sind die Unfallgefahren beim Schleifen besonders hoch?

2. Welche Unfallverhütungsvorschriften müssen Sie beim Aufziehen einer neuen Schleifscheibe beim Schleifbock beachten bzw. durchführen?

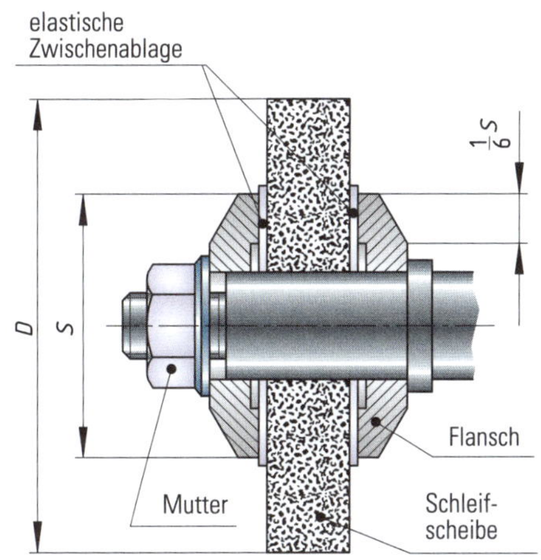

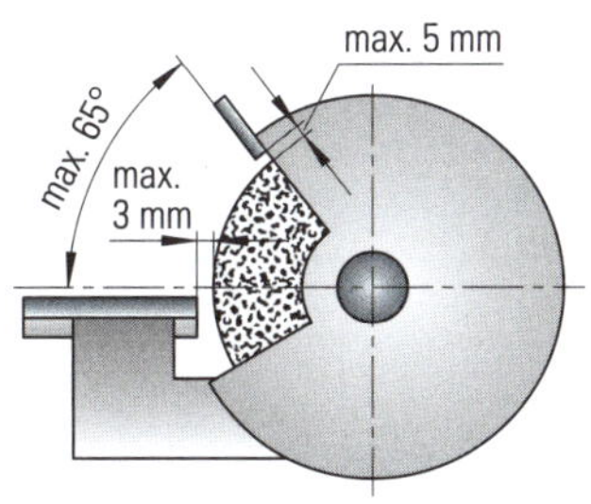

3. Welche persönliche Schutzausrüstung müssen Sie beim Schleifen nutzen?

4. Welche Bedeutung haben die farblichen Kennzeichnungen der Schleifscheiben?

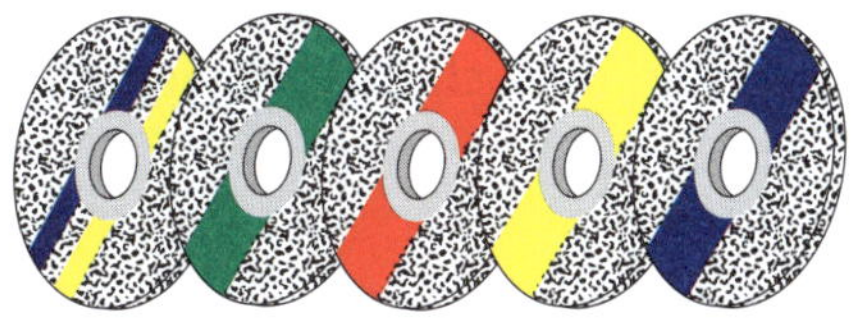

5. Wie groß ist die maximale Umfangsgeschwindigkeit der rot gekennzeichneten Schleifscheibe??

Name:	Klasse:	Datum:

Prozessgrößen

1. Im nebenstehenden Bild sind das Außenrund- und das Planschleifen als Beispiele für das Umfangsschleifen mit den Einstellgrößen dargestellt. Wird in den beiden Schleifverfahren im Gleichlauf oder im Gegenlauf gearbeitet?

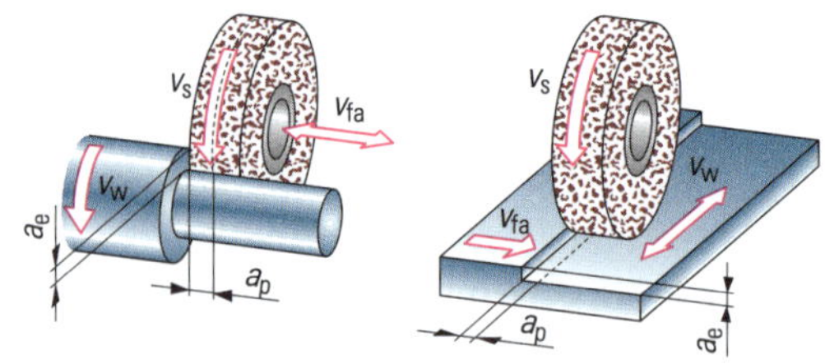

v_s: Umfanggeschwindigkeit der Schleifscheibe
v_w: Werkstückgeschwindigkeit
v_{fa}: axiale Vorschubgeschwindigkeit
a_e: Zustelltiefe bzw. Arbeitseingriff
a_p: Arbeitseingriff bzw. Schnittbreite

Schnittgeschwindigkeit v_c

2. Das Schleifen erfolgt meist im Gegenlauf. Aus welchen beiden Geschwindigkeiten setzt sich dann die Schnittgeschwindigkeit zusammen?

3. Warum wird in der Praxis die Schnittgeschwindigkeit vc mit der Umfangsgeschwindigkeit der Scheibe $\mathbf{v_s}$ gleichgesetzt ($v_c \approx v_s$)?

4. Nennen Sie fünf Faktoren, die die Schnittgeschwindigkeit beim Schleifen beeinflussen.

Merke

Steigende Schnittgeschwindigkeit
- verändert ________________ die Hauptnutzungszeit
- ________________ die Schnittkraft
- ________________ den Schleifscheibenverschleiß
- ________________ die Maß- und Formgenauigkeit
- ________________ die Oberflächenqualität und
- ________________ Randzonenbeeinflussung.

5. Auf einen Schleifbock soll eine Schleifscheibe von 200 mm Durchmesser und 32 mm Breite montiert werden, deren maximale Umfangsgeschwindigkeit 35 m/s beträgt. Welche Umdrehungsfrequenz darf der Schleifbock nicht überschreiten?

Name:	Klasse:	Datum:

Vorschubgeschwindigkeit v_{fa}

6. Welche Faktoren bestimmen a) beim Außenrund- und b) beim Planschleifen die axiale Vorschubgeschwindigkeit v_fa?

a)

b)

7. Geben Sie für das Schrupp- und Schlichtschleifen den Vorschub f in Abhängigkeit von der Schleifscheibenbreite b_s an.

8. Beim Planschleifen kommt zum Schruppen von 34CrMo4 eine Schleifscheibe ISO 603-1 – 1 – 400 X 50 X 127 – A 60 M 14 V – 35 m/s zum Einsatz. Bestimmen Sie die maximale Umdrehungsfrequenz *n* und den Vorschub *f* für diesen Schleifvorgang.

Zustelltiefe a_e

9. Welchen Einfluss hat die Zustelltiefe a_p auf die Größe der Kontaktzone und welche Auswirkungen hat ihre Zunahme auf den Schleifprozess?

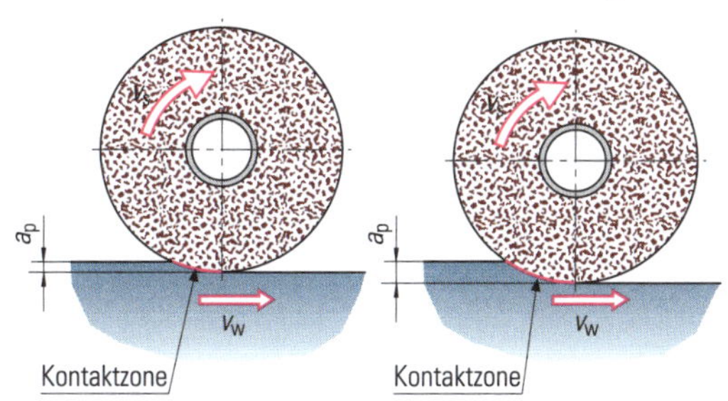

10. Was wird beim Schleifen unter Ausfunken bzw. Ausfeuern verstanden?

Merke

Steigende Vorschubgeschwindigkeit und zunehmende Zustelltiefe

- ____________________ die Hauptnutzungszeit bzw. steigern das Zeitspanvolumen,
- ____________________ die Schnittkraft,
- ____________________ den Schleifscheibenverschleiß,
- ____________________ die Maß- und Formgenauigkeit,
- ____________________ die Oberflächenqualität und
- ____________________ die Randzonenbeeinflussung.

Name:	Klasse:	Datum:

Werkstückgeschwindigkeit v_w

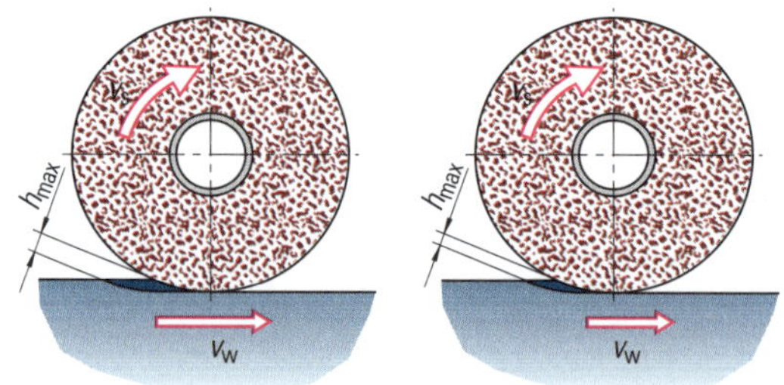

11. Wie wirkt sich bei gleichbleibender Umfangsgeschwindigkeit eine Verringerung der Werkstückgeschwindigkeit auf die maximale Spandicke h_{max} aus?

12. Wie verändert sich die Spandicke mit zunehmender Umfangsgeschwindigkeit?

Geschwindigkeitsverhältnis $q = \frac{\quad}{\quad} = \frac{\quad}{\quad}$

13. In der nebenstehenden Tabelle ist das Geschwindigkeitsverhältnis q für ausgewählte Schleifoperationen dargestellt. Bestimmen Sie für den in Aufgabe 8 beschriebenen Schleifprozess die Werkstückgeschwindigkeit v_w in mm/min.

Werkstoff	Rundschleifen		Planschleifen	
	Außenschleifen	Innenschleifen	Umfangsschleifen	Seitenschleifen
Stahl	125	80	90	50
Gusseisen	100	60	70	40
Cu, Cu-Leg.	80	50	60	30
Leichtmetalle	50	30	40	20

Merke

Je kleiner das Geschwindigkeitsverhältnis q ist, desto ______________ wird die Spandicke.

Merke

Steigende Werkstückgeschwindigkeit

- ________________ den Schleifscheibenverschleiß,
- ________________ die Oberflächenqualität und
- ________________ die Randzonenbeeinflussung.

Zeitspanungsvolumen $\dot{Q}$

14. Bestimmen Sie das Zeitspanungsvolumen $\dot{Q}$ in mm³/min beim Schleifen einer Stahlplatte von 800 mm Länge, wenn eine Zustelltiefe von 30 µm, der Vorschub 30 mm und die Tischhubzahl 30/min beträgt.

Name:	Klasse:	Datum:

Kühlschmierung

15. Welche Gründe sprechen beim Schleifen für eine intensive **Kühlschmierung**?

Merke

Um die Randzonentemperatur gering zu halten, sind

- _________________ Kühlschmierung,
- _________________ Zustelltiefe,
- _________________ Geschwindigkeitsverhältnis q,
- möglichst _________________ Kontaktlänge,
- _________________ Gefüge und
- _________________ Schleifscheiben zu wählen.

16. Zeigen Sie die wesentlichen Unterschiede zwischen Emulsionen und Schleifölen auf.

17. Begründen Sie, warum beim Schleifen das Kühlmittel oft unter Druck der Wirkstelle zugeführt wird.

Wirkhärte

18. Unterscheiden Sie statische und dynamische Härte bzw. **Wirkhärte**.

19. Wie verhält sich die Schleifscheibe, wenn die Wirkhärte richtig gewählt ist?

Name:	Klasse:	Datum:

S. 328 – 347

Merke

Je kleiner die Wirkhärte, desto ________________ der Schleifscheibenverschleiß.

20. Welche prinzipiellen Möglichkeiten sehen Sie, um die Wirkhärte zu verändern?

21. Nennen Sie Veränderungen an den Prozessparametern, zur Vergrößerung der Wirkhärte bzw. zum Verringern des Verschleißes.

Schleifverfahren

1. Ordnen Sie die folgenden Begriffe der dargestellten Tabelle zu: **Innenrundschleifen, Längsvorschub, Umfangsschleifen, Planschleifen, Quervorschub, Außenrundschleifen und Seitenschleifen**.

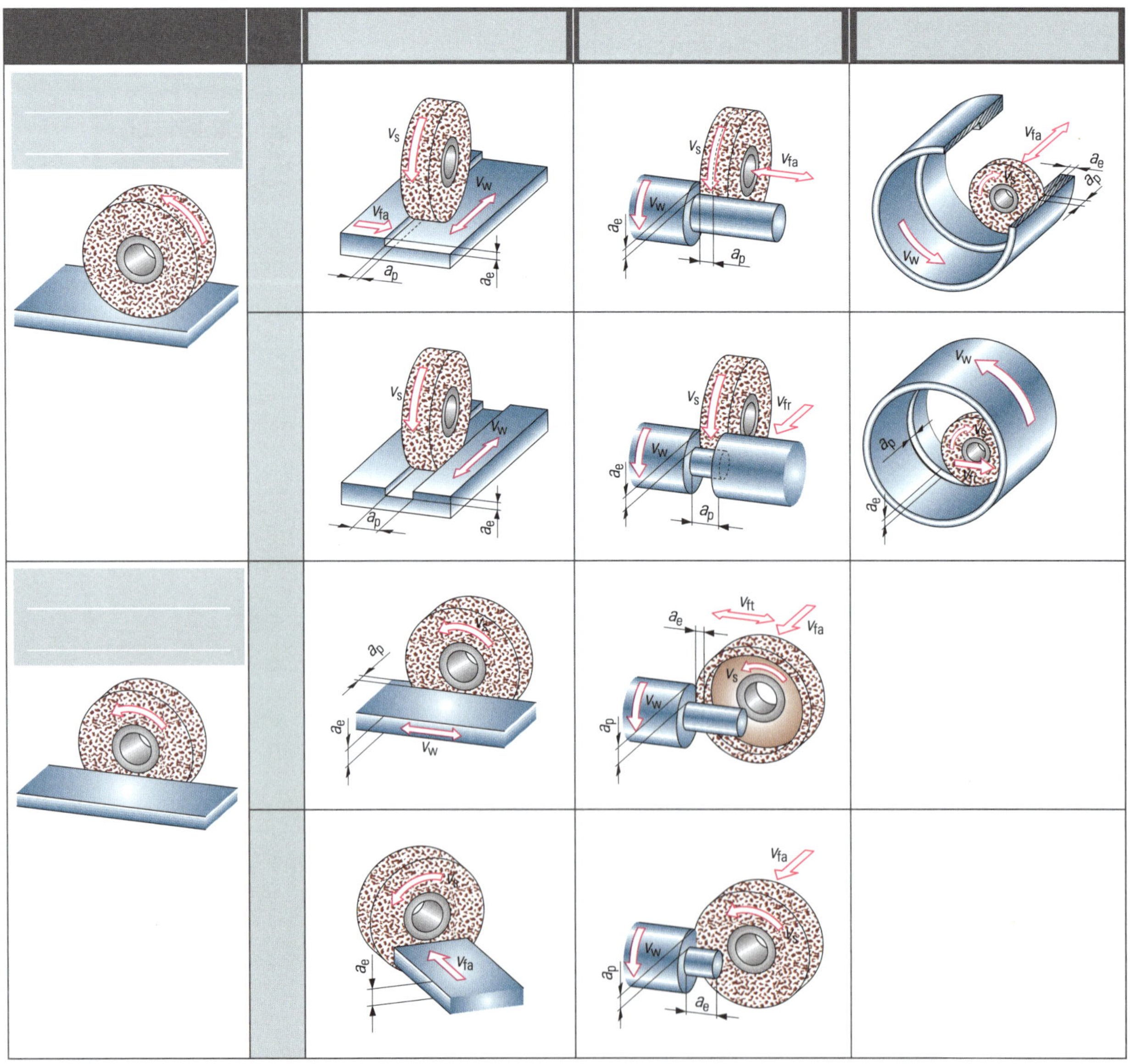

Name:	Klasse:	Datum:

2. Beschreiben Sie in der Tabelle die aufgeführten Verfahren.

Verfahren	Beschreibung
Umfangsschleifen	
Seitenschleifen	
Längsschleifen	
Querschleifen	

Planschleifen

3. Wie unterscheiden sich beim **Planschleifen** die Kontaktzonen des Umfangs- und Seitenschleifens und welche Konsequenzen ergeben sich daraus?

4. Benennen Sie die beiden nebenstehenden Schleifscheibenformen.

5. Für welche Schleifverfahren werden die beiden Schleifscheiben eingesetzt?

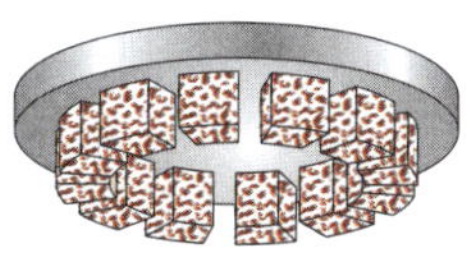

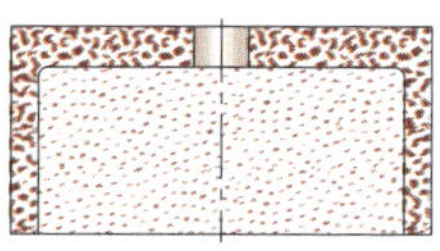

6. Welche Vorteile hat die linke Schleifscheibe gegenüber der rechten beim Schleifscheibenformen beim Plan-Seiten-Schleifen gegenüber einer geraden Schleifscheibe?

Außenrundschleifen

7. Benennen Sie die beiden dargestellten Schleifverfahren.

8. Begründen Sie, wie beim Außenrundschleifen meist das Spannen des Werkstücks erfolgt.

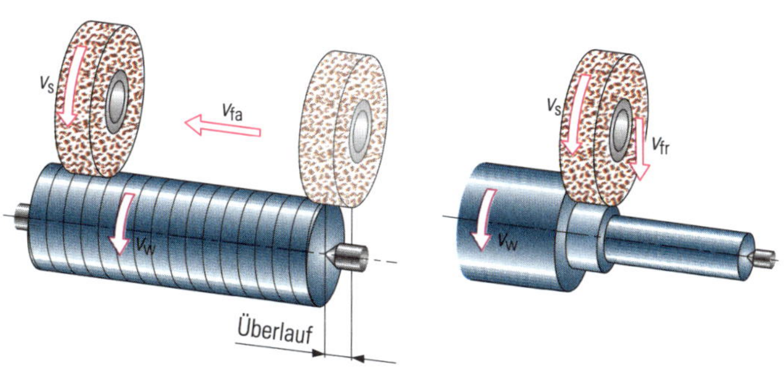

Name:	Klasse:	Datum:

9. Nennen Sie ein Beispiel, bei dem das Außenrundschleifen mit Quervorschub dem mit Längsvorschub vorzuziehen ist.

10. Begründen Sie, warum beim Außenrundschleifen mit Längsvorschub ein Überlauf erforderlich ist und geben Sie dafür die Größe an.

Innenrundschleifen

11. Beim Innenrundschleifen ist der Schleifscheibendurchmesser kleiner als der zu bearbeitende Werkstückdurchmesser. Welche Nachteile hat das auf den Schleifprozess?

12. Vergleichen Sie die Zustelltiefe und die Vorschubgeschwindigkeit beim Innenrundschleifen mit dem Außenrundschleifen.

Spitzenloses Außenrundschleifen

13. Wird beim spitzenlosen Außenrundschleifen im Gleich- oder Gegenlauf geschliffen?

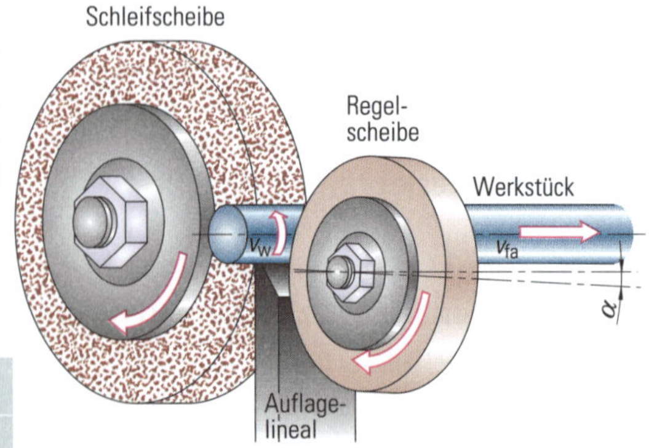

14. Wie wird die Werkstückvorschubgeschwindigkeit v_w und die axiale Vorschubgeschwindigkeit v_{fa} erzeugt?

Name:	Klasse:	Datum:

S. 328–347

Hochgeschwindigkeitsschleifen

15. Nennen Sie zwei Ziele, die beim Hochgeschwindigkeitsschleifen angestrebt werden.

16. Welches Schleifmittel wird beim Hochgeschwindigkeitsschleifen meist eingesetzt und wie ist der Schleifscheibenaufbau?

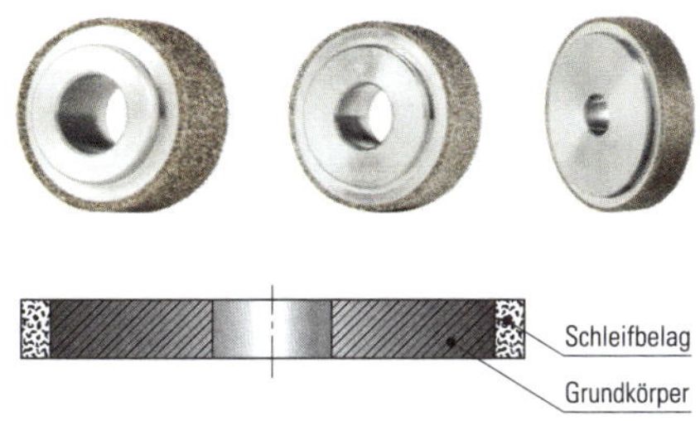

17. Bis zu welchen Schnittgeschwindigkeiten arbeitet das Hochgeschwindigkeitsschleifen und welche Anforderungen werden an die Schleifmaschinen gestellt?

Konturschleifen

18. Benennen Sie in der folgenden Tabelle die beiden Schleifverfahren und beschreiben Sie diese.

Verfahren	Beschreibung
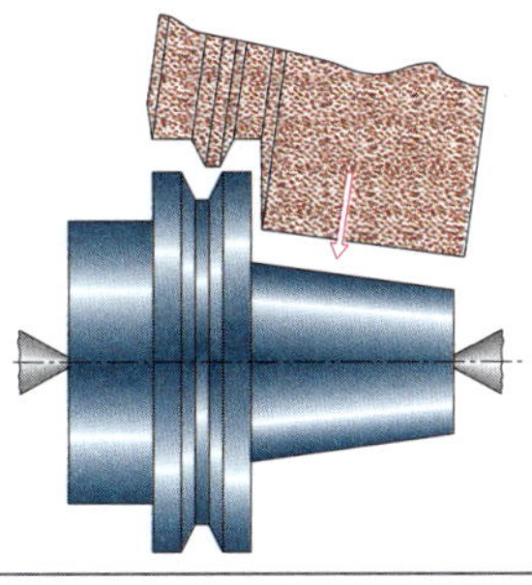	
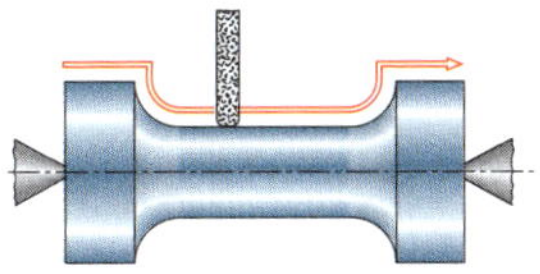	

Name:	Klasse:	Datum:

Fertigungsplanung

Es sind vier Führungsleisten aus X40CrMoV5-1 mithilfe von Längs-Umfangsplanschleifen fertigzustellen. Für das Schleifen ist die Fertigung zu planen. Dabei sind insbesondere

- die Zeichnung zu analysieren,
- die Schleifmaschine auszuwählen,
- die Spannungen der Werkstücke festzulegen,
- die Schleifscheibe auszuwählen,
- alle erforderlichen Zerspanungsparameter zu bestimmen und
- die Hauptnutzungszeit zu berechnen.

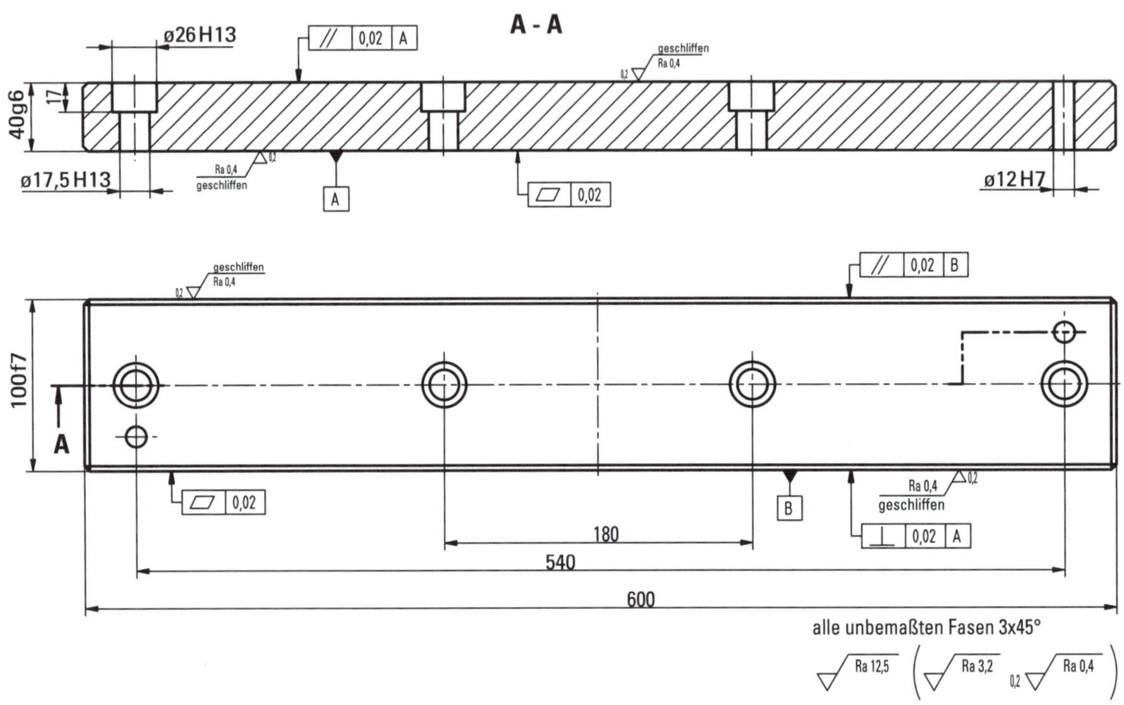

1. Wie viele Flächen sind an einer Führungsleiste zu schleifen, wie groß ist die Schleifzugabe pro Fläche und welche Oberflächenqualität sollen die zu schleifenden Flächen erhalten?

2. Welche Istmaße streben Sie bei der Dicke und Breite der Führungsleiste an?

3. Beschreiben Sie die Form- und Lagetoleranzen, die an die zu schleifenden Flächen gestellt werden.?

Name:	Klasse:	Datum:

S. 328–347

4. Welche Maschine wählen Sie für das Schleifen der Führungsleisten aus?

5. Skizzieren Sie die Spannungen für das Schleifen der vier Führungsleisten.

1. Werkstückspannung

2. Werkstückspannung

3. Werkstückspannung

4. Werkstückspannung

6. Nennen Sie die normmäßige Angabe für die Schleifscheibe mit Außendurchmesser 350 mm, Breite 50 mm, Bohrungsdurchmesser 127 mm und einer maximalen Umfangsgeschwindigkeit von 35 m/s, mit der Sie die Führungsleisten schleifen.

7. Bestimmen Sie die Umdrehungsfrequenz für die gewählte Schleifscheibe, wenn eine Umfangsgeschwindigkeit von 30 m/min angestrebt wird..

Name:	Klasse:	Datum:

8. Legen Sie das Geschwindigkeitsverhältnis q fest und bestimmen Sie die Werkstückgeschwindigkeit v_w.

9. Jede der vier Seiten wird durch Vor- und Fertigschleifen sowie abschließendes zweimaliges Ausfunken hergestellt. Legen Sie die Zustelltiefen a_e, die Schnittbreiten a_p, die Anzahl der Zustellungen i für diese Arbeitsschritte mithilfe des Tabellenbuchs fest:

Vorschleifen:

Fertigschleifen:

Ausfunken:

Name:	Klasse:	Datum:

Langhubhonen

1. Bei welchen Werkstückanforderungen wird das **Langhubhonen** eingesetzt?

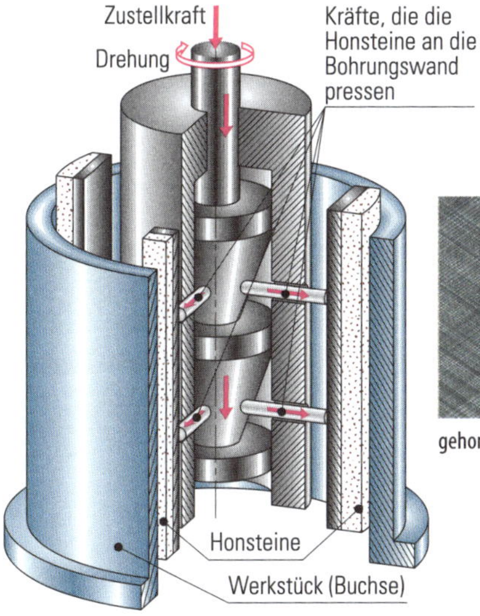

gehonte Fläche

2. Beschreiben Sie die Wirkungsweise einer Honahle.

3. Das nebenstehende Pleuel aus Stahl soll durch Langhubhonen einen Durchmesser von 50,600 mm erhalten. Wie groß fertigen Sie den Durchmesser vor dem Honen?

4. Welche Oberflächenqualitäten lassen sich durch Langhubhonen erzielen?

5. Nennen Sie neben der sehr guten Oberflächenqualität zwei Gründe, warum Gleitflächen wie z.B. die Zylinderwandung eines Hubkolbenmotors oft durch Langhubhonen hergestellt werden und welche Vorteile sich daraus ergeben.

Name:	Klasse:	Datum:

6. Welche vorrangige Aufgabe übernimmt beim Honen das Honöl?

Merke

Mit dem Langhubhonen werden

- _______________ Oberflächenqualitäten mit _______________ Bearbeitungsriefen,
- _______________ Maßtoleranzen und
- _______________ Rundheits- und Zylinderformtoleranzen erzielt.

Kurzhubhonen

1. Unterscheiden Sie die beiden abgebildeten Kurzhubverfahren.

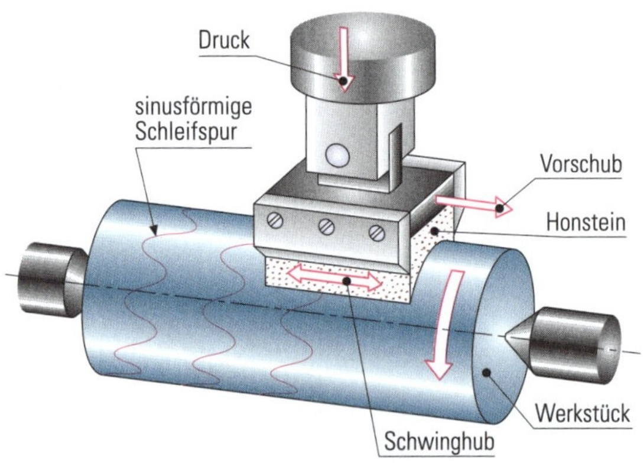

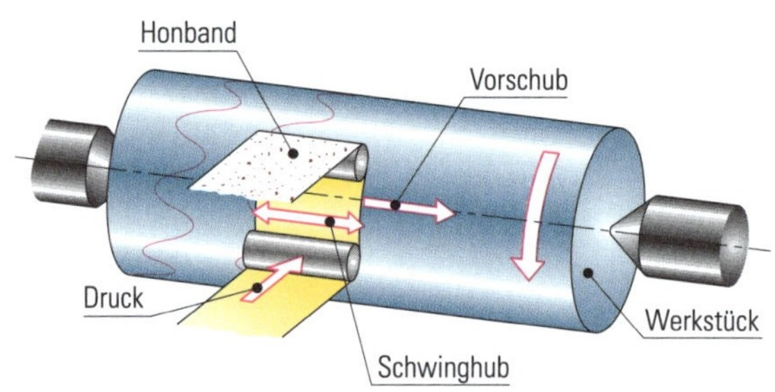

2. Geben Sie eine andere Bezeichnung für Kurzhubhonen an.

3. Welches sind die Gemeinsamkeiten der beiden dargestellten Honverfahren?

Name:	Klasse:	Datum:

Grundlagen

1. Beschreiben Sie den Läppvorgang mithilfe des nebenstehenden Bildes.

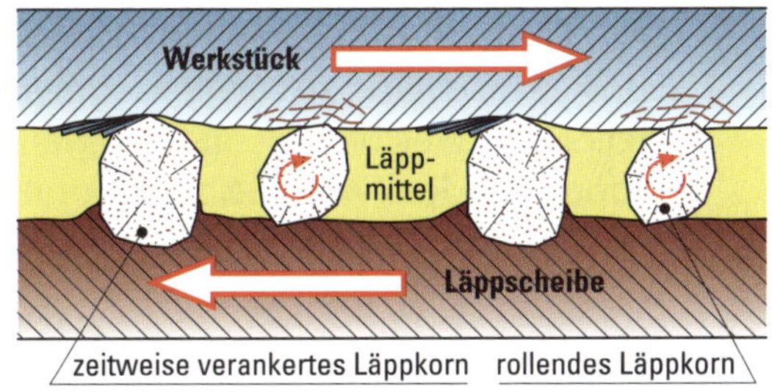

Prozessparameter

2. Tragen Sie in die nebenstehende Tabelle die Läppmittel für die aufgeführten Werkstoffe der Werkstücke ein.

Werkstückwerkstoff	EN-GJL-250	Hartmetall	CuZn40Al2
Läppmittel			

3. Ergänzen Sie mit ↑ (besser bzw. größer) und ↓ (schlechter oder kleiner), wie sich die angegebenen Prozessparameter auf die Oberflächenqualität und den Abtrag am Werkstück auswirken.

Prozess-parameter	Zunehmende Korngröße	Zunehmender Anpressdruck	Zunehmende Läppgeschwindigkeit	Zunehmende Härte der Läpscheibe
Oberflächen-qualität				
Werkstück-abtrag				

4. Welche Aufgaben übernimmt die Läppflüssigkeit beim Läppprozess?

Merke

Läppen ist ein spanendes Fertigungsverfahren mit losen Schleifkörnern, das

- ________________ Oberflächenqualitäten,
- ________________ Maßgenauigkeit und
- ________________ Formtoleranzen erzielt.

Name:	Klasse:	Datum:

Feinschleifen

1. Beim **Feinschleifen** bestehen die obere und untere Feinschleifscheibe aus Schleifsegmenten (a) oder -pellets (b). Welche Vor- und Nachteile gegenüber dem Läppen auf der Zweischeibenläppmaschine ergeben sich daraus?

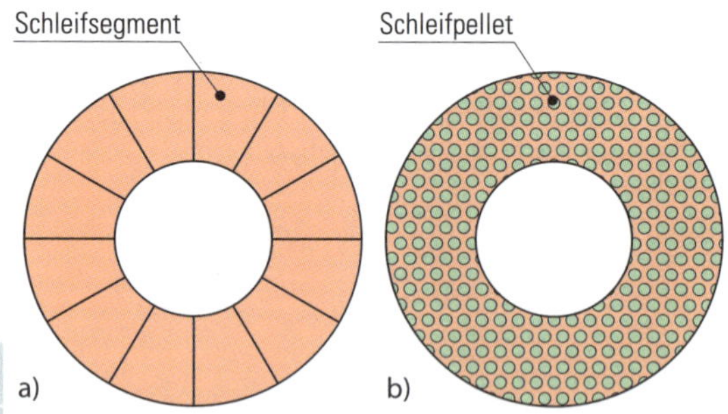

2. Beschreiben Sie die Bewegungen der Werkstücke zwischen der unteren und oberen Feinschleifscheibe.

3. Wie werden die abgetragenen Späne abgeführt?

4. Welche Schleifmittel werden vorrangig beim Feinschleifen eingesetzt?

Gleitschleifen

1. Nennen Sie Anwendungsbeispiele für das Gleitschleifen.

2. Welche Aufgaben übernimmt das Compound beim Gleitschleifen?

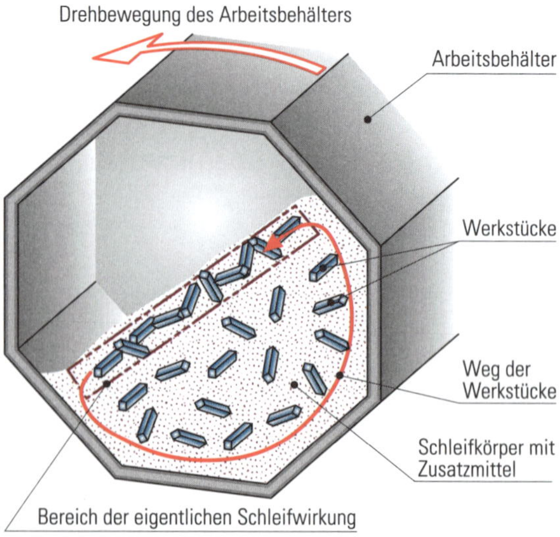

Name:	Klasse:	Datum:

Präzisions-Hartdrehen

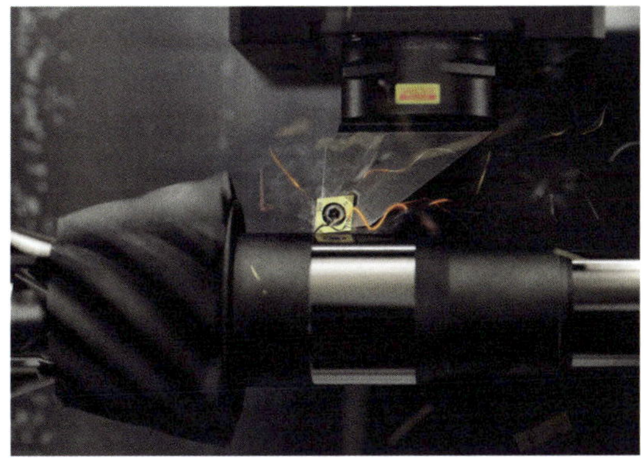

1. Geben Sie drei Gründe an, weshalb das **Präzisions-Hartdrehen** zu den Verfahren der Feinbearbeitung zählt.

2. Welche Werkstoffe werden Präzisions-Hartdrehen bearbeitet?

3. Begründen Sie drei Vorteile, die das Hartdrehen gegenüber dem Schleifen besitzt.

4. Beim Hartdrehen sind die Werkstücke meist randschichtgehärtet. Nennen Sie drei Härteverfahren zum Randschichthärten.

5. Als Schneidstoff wird beim Hartdrehen meist beschichtetes (links) oder unbeschichtetes (rechts) kubisches Bornitrid eingesetzt.

Ergänzen sie mit *hoch*, *mittel* oder *niedrig* im nebenstehenden Bild die Werte für die Schnittgeschwindigkeit v_c, die Verschleißfestigkeit (VF) und die Zähigkeit (Z) der Schneidstoffe in Abhängigkeit von den jeweiligen Schnittbedingungen.

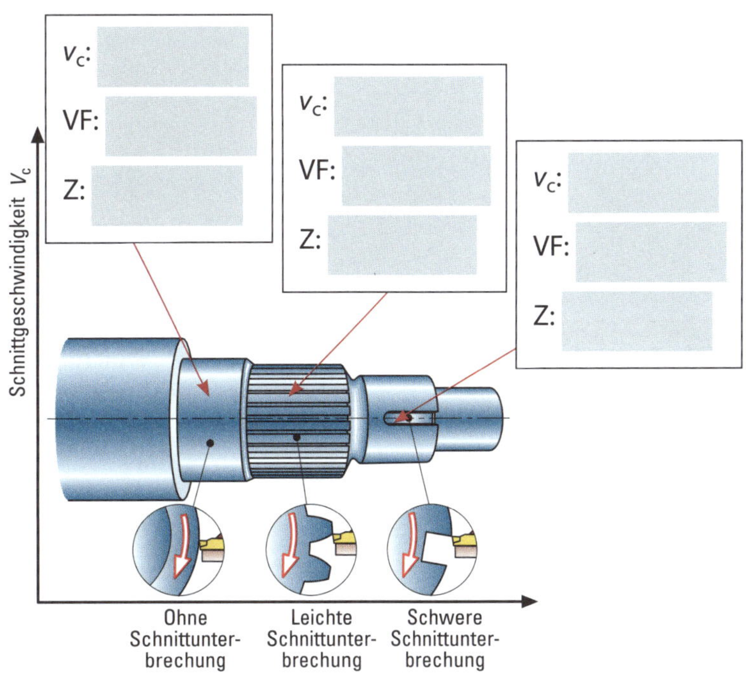

Name:	Klasse:	Datum:

6. Aus welchem Grunde werden beim Hartdrehen meist Negativschneidplatten mit entsprechenden Fasen eingesetzt?

7. Interpretieren Sie die dargestellte Grafik eines Schneidstoffherstellers bezüglich des Fasenwinkels an der Schneidplatte.

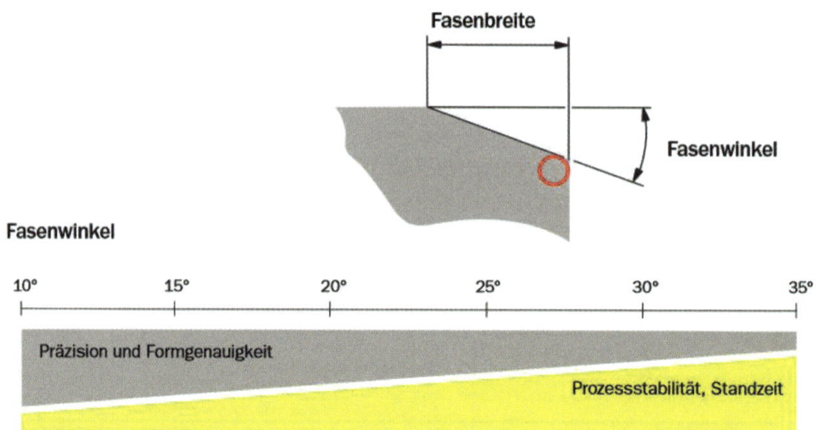

8. Wie wirkt sich der Schneidenradius auf die Oberflächenqualität des Werkstücks aus?

9. Wie wirkt sich die Wiper-Geometrie auf den zu wählenden Vorschub und die erreichbare Oberflächenqualität im Vergleich zur Standard-Geometrie mit einfachem Schneidenradius aus?

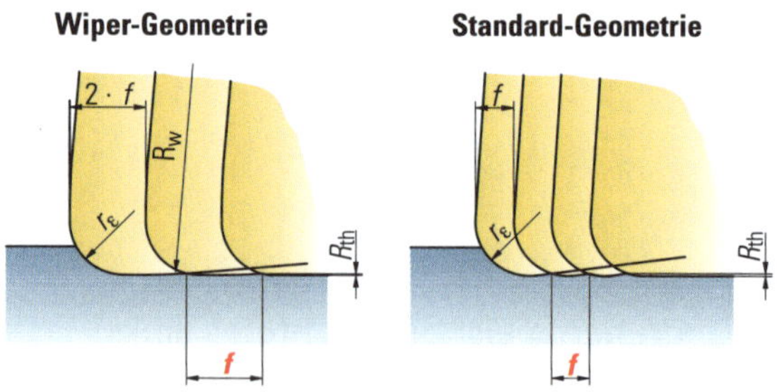

10. Beim Hartdrehen glühen meist die Späne. Welche Auswirkungen hat das?

Name:	Klasse:	Datum:

11. Die Stabilität von Werkzeug, Werkzeugaufnahme und Schneidplattenaufnahme hat wesentlichen Einfluss auf den Prozess des Hartdrehens. Wie wirkt sich die Verdoppelung bzw. eine Halbierung der Einspannlänge eines Drehwerkzeugs auf dessen Durchbiegung aus?

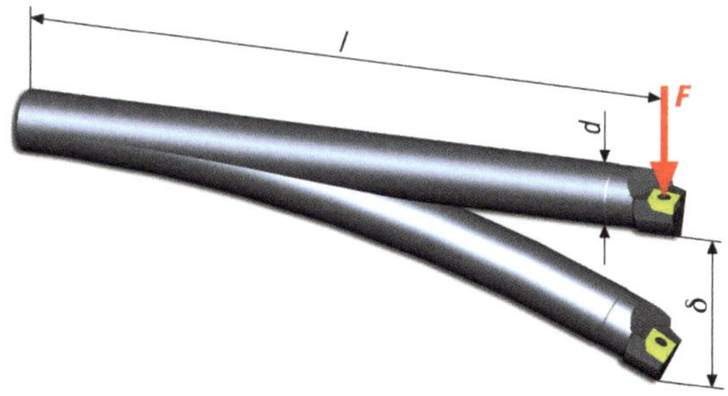

12. Das nebenstehende Bild zeigt eine Möglichkeit der Schneidplattenbefestigung mit Spannschraube, die für das Hartdrehen geeignet ist. Beschreiben Sie die Vorteile dieser Schneidplattenbefestigung.

13. Unter welchen Bedingungen wird beim Hartdrehen das Drehteil als stabil angesehen?

14. Was ist bei der *Weichbearbeitung* (Bearbeitung im ungehärteten Zustand) des Werkstücks zu beachten?

15. Nennen Sie zwei weitere Faktoren, die beim Hartdrehen auf die Prozessqualität beeinflussen.

Merke

Je besser die Stabilität des gesamten Bearbeitungssystems, desto __________________ können die gewünschten Toleranzen und Oberflächen erreicht werden.

Name:	Klasse:	Datum:

Präzisions-Hartfräsen

1. Die formgebenden Konturen der Werkzeuge der Schneid-, Umform- und Formentechnik sollen möglichst verschleißfest sein und sehr gute Oberflächenqualitäten besitzen. Deshalb werden diese nach dem Vorschlichten gehärtet. Abschließend erfolgt das **Präzisions-Hartfräsen** der Konturen. Welche Ziele werden damit angestrebt?

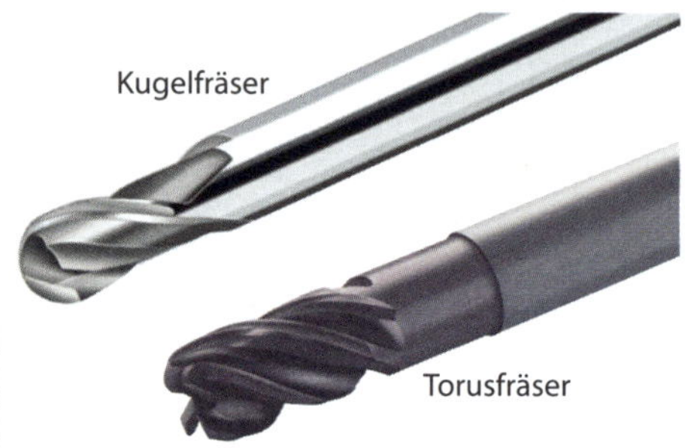

2. Die meist mit Titanaluminiumnitrid (TiAlN) beschichteten Vollhartmetallfräser werden vorrangig zum Präzisions-Hartfräsen eingesetzt. Treffen Sie Aussagen, wodurch die notwendige Kantenstabilität und Zähigkeit sowie die Verschleißfestigkeit erzielt wird.

3. Wie erfolgt die Kühlung beim Präzisions-Hartfräsen?

4. Welche Besonderheiten haben die Fräser zum Hartfräsen?

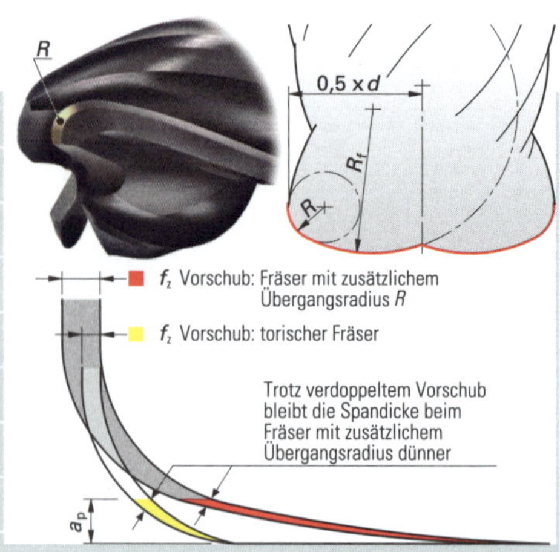

Name:	Klasse:	Datum:

5. Wie hoch dürfen die Rundlauffehler der Werkzeuge beim Präzisions-Hartfräsens höchstens sein und mit welchen Werkzeugaufnahmen lassen sich diese einhalten?

Merke

Werkzeuge sind so ______________ wie möglich einzuspannen.

6. Begründen Sie den letzten Merksatz.

7. Wie sollte das Werkstück vor dem Härten und dem Hartfräsen vorbereitet sein?

8. Wie verändern sich Schnittgeschwindigkeit, Arbeitseingriff und Vorschub pro Zahn vom Schruppen über das Vorschlichten bis hin zum Schlichten und der Restbearbeitung?

9. Geben sie mit „je … desto" an, wie sich der Schrägungswinkel α auf den wirksamen Fräserradius auswirkt.

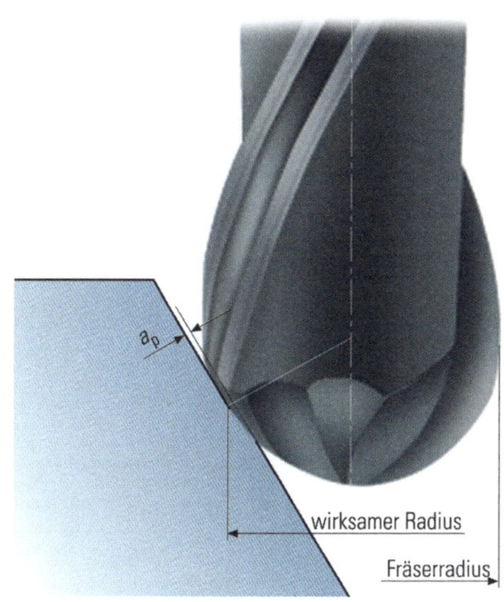

10. Bestimmen Sie formelmäßig den wirksamen Radius (*wR*) in Abhängigkeit vom Schrägungswinkel (*α*) und dem Fräserradius (*R*).

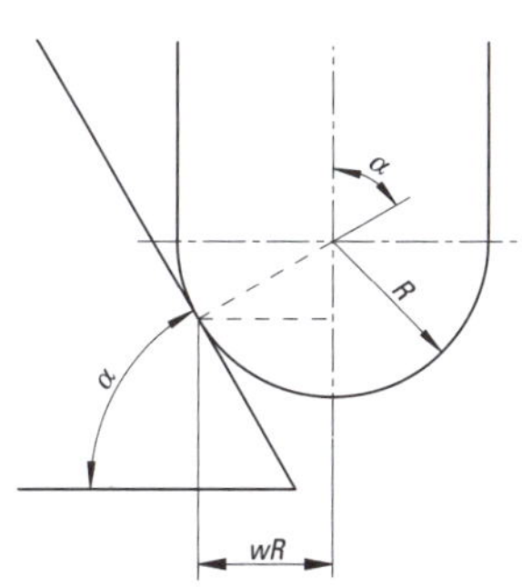

Name:	Klasse:	Datum:

11. Wie groß ist der wirksame Radius bei einem Kugelfräser von 3 mm Durchmesser und einem Schrägungswinkel von 50°?

12. Um wie viel Prozent hat sich der wirksame Radius verändert?

13. Welche Umdrehungsfrequenz und welche Vorschubgeschwindigkeit sind bei einer Schnittgeschwindigkeit von 80 m/min zu programmieren für die Fräsbedingungen der vorhergehenden Aufgabe bei einem zweischneidigen Fräser mit 0,02 mm Vorschub pro Zahn?

14. Welche Vorteile ergeben sich beim Fräsen, wenn die CNC-Steuerung Splines verarbeiten kann?

15. Führen Sie mindestens sechs Anforderungen auf, die das CAD-CAM-System an das Hartfräsen stellt.

Merke

Präzisions-Hartfräsen ist eine ____________ und stellt erhöhte Anforderungen an ____________, ____________ und deren ____________ sowie das eingesetzte ____________.

Name:	Klasse:	Datum:

Fertigungsbeispiel zum Glattwalzen

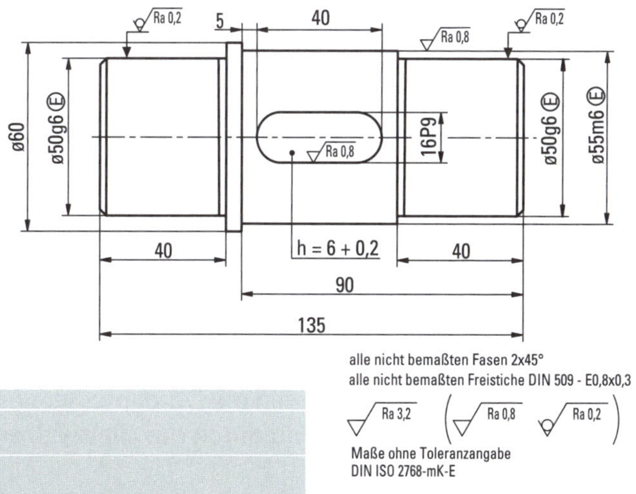

1. Die beiden Enden der nebenstehenden Welle aus 50CrMo4 sind in zwei Gleitlagern gelagert. Sie haben die Aufgabe, zu überprüfen, ob sich die Welle durch Glattwalzen mit den geforderten Toleranzen und Oberflächenqualitäten herstellen lässt. Begründen Sie Ihre Entscheidung.

2. Welchen Vorteil hat das Glattwalzen gegenüber dem Schleifen?

3. Beschreiben Sie mithilfe des dargestellten Bildes das Grundprinzip des Glattwalzens.

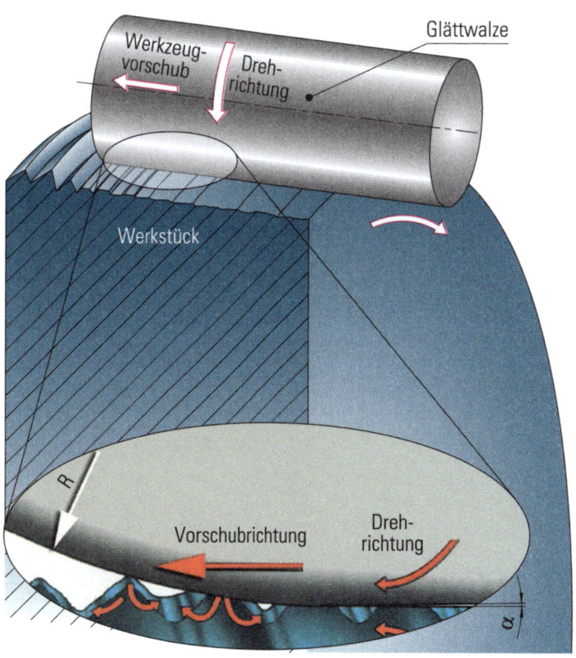

Name:	Klasse:	Datum:

4. In welchem Bereich erfolgt das Umformen der Oberfläche und welcher Betrag wird eingeebnet?

5. Auf welches Maß müssen die Durchmesser vorgedreht werden, wenn beim Drehen eine Rautiefe von 10 µm entsteht und durch das Glattwalzen die Toleranzmitte erreicht werden soll?

6. Das Glattwalzen eignet sich sowohl für Zylinder als auch für Bohrungen. Wie groß sind die Walzgeschwindigkeiten und die Vorschübe pro Rolle?

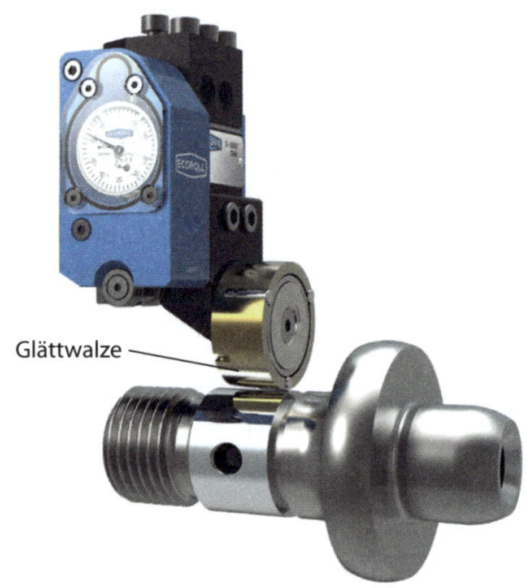

7. Begründen Sie, welche Anforderungen beim Glattwalzen an das Kühlschmiermittel zu stellen sind.

8. Nennen Sie sechs bislang nicht genannte Vorteile und drei Nachteile des Glattwalzens.

Vorteile:	Nachteile:

Name:	Klasse:	Datum:

Optimieren der Fertigungszeit

1. Tragen Sie in die folgende Grafik die Zeiten ein, aus denen sich die Fertigungszeit zusammensetzt.

Fertigungszeit

2. Unter welchen Bedingungen ist es sinnvoll, einen Fertigungsprozess zu optimieren, obwohl die geforderte Produktqualität mit ihm erreicht wird?

3. Warum ist der Optimierungsprozess mit zusätzlichen Kosten verbunden?

4. Was wird in der Fertigungstechnik unter dem Begriff **Rüstzeit** verstanden und aus welchen Zeiten setzt sie sich zusammen?

5. Für einen anstehenden Fräsauftrag steht Ihnen das benötigte Werkzeug an der Fräsmaschine nicht zur Verfügung. Wie beschaffen Sie sich in Ihrem Betrieb das fehlende Werkzeug und zu welcher der aufgeführten Rüstzeiten ist die Zeit zum Beschaffen des Werkzeugs zu rechnen?

6. Welche Konsequenzen ergeben sich für Sie aus dem in Aufgabe 5 geschilderten Problem?

Name:	Klasse:	Datum:

7. Führen Sie drei weitere Möglichkeiten auf, durch sich die Rüstzeiten verkürzen lassen.

8. Führen Sie drei Vorteile auf, die sich neben der Reduzierung der Rüstzeit durch externe Werkzeugmesssysteme ergeben.

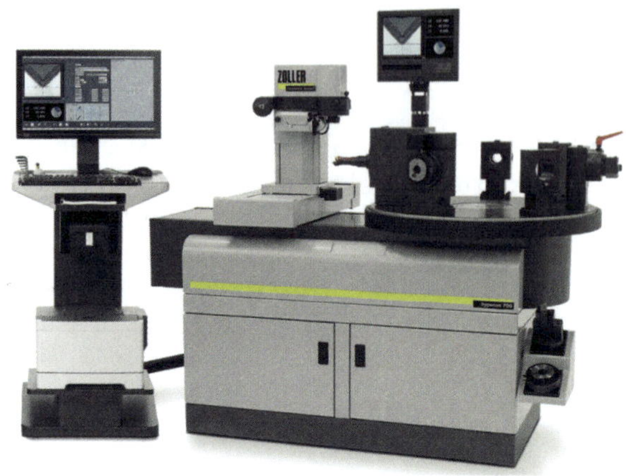

9. Definieren Sie den Begriff **Nebenzeit**.

10. Durch welche Maßnahmen können Sie die Nebenzeiten an CNC-Maschinen verringern?

11. Was können Sie tun, damit beim CNC-Drehen die **Werkzeugwechselzeit** möglichst gering wird?

12. Mit welchen Maßnahmen können Sie beim CNC-Fräsen die Werkzeugwechselzeiten verkürzen?

13. Welchen Vorteil hat der dargestellte Werkzeugwechsel im Hinblick auf die Werkzeugwechselzeit?

Name:	Klasse:	Datum:

Optimieren der Schruppbearbeitung

1. Was wird in der Zerspanungstechnik unter dem Begriff **Hautnutzungszeit (t_h)** verstanden?

2. Geben Sie vier **Stellgrößen** an, die die Hauptnutzungszeit beeinflussen.

3. Nennen Sie drei **Optimierungsziele** bei der Schruppbearbeitung.

4. Der dargestellte Bolzen wurde auf einer CNC-Drehmaschine mithilfe des folgenden Längsschruppzyklus geschruppt:

G81 D4 AZ0.2 AX0.3 F0.4 S250

Die Startposition des Zyklus ist X62 und Z2.

Nach der Fertigung des ersten Bolzens wird er für die Serienfertigung optimiert. Dazu wird der Längsschruppzyklus in folgender Weise geändert:

G81 D5.5 AZ0.2 AX0.3 F0.5 S275

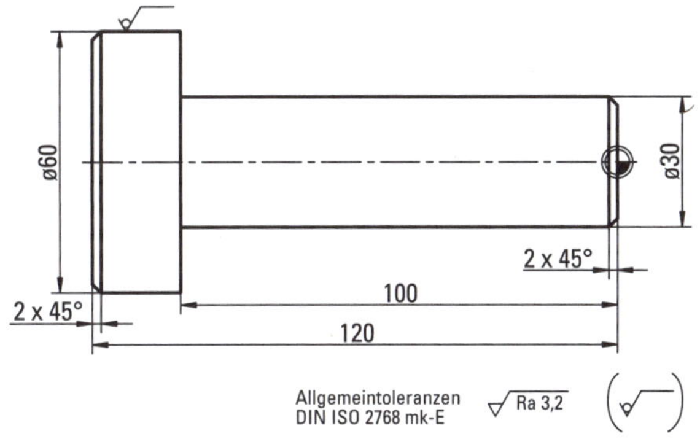

a) Bestimmen Sie die Zeiten für jeden Schruppschnitt des ersten Zyklus und deren Gesamtzeit, wobei Sie davon ausgehen, dass die CNC-Steuerung die jeweilige Umdrehungsfrequenz aufgrund des zu drehenden Durchmessers bestimmt.

b) Bestimmen Sie die Zeiten für jeden Schruppschnitt des zweiten Zyklus und deren Gesamtzeit, wobei Sie davon ausgehen, dass die CNC-Steuerung die jeweilige Umdrehungsfrequenz aufgrund des zu drehenden Durchmessers bestimmt.

c) Ermitteln Sie die prozentuale Zeitersparnis für das Längsrundschruppen des zweiten Zyklus.

d) Begründen Sie, ob die Veränderung des Längsschruppzyklus neben der Reduzierung der Hauptzeit auch Auswirkungen auf die Nebenzeit hat.

Name:	Klasse:	Datum:

Merke

Eine große **Schnitttiefe** a_p und ein großer **Vorschub** f bewirken große ________________. Diese erfordern große ________________ und in Verbindung mit großen ________________________ große ________________ an der Spindel.

5. Von welchen Größen ist die Wahl der höchstmöglichen **Schnitttiefe** a_p und des größten **Vorschubs** f beim Schruppdrehen abhängig?

6. Wozu dient der **Override-Schalter** an CNC-Maschinen?

Name:	Klasse:	Datum:

S. 372-376

Optimieren der Schlichtbearbeitung

1. Welche Ziele müssen Sie bei der **Schlichtbearbeitung** erreichen?

2. Nennen Sie drei Möglichkeiten, die zu **Maßabweichungen** bei der CNC-Bearbeitung führen können.

3. Führen Sie drei Gründe mit Beispielen auf, die für eine **Formabweichung** am Werkstück verantwortlich sind.

4. Welche Maßnahmen können Sie ergreifen, wenn die gewünschte **Oberflächenqualität** beim Spanen *nicht* erreicht wird?

5. Zeigen Sie zwei negative Auswirkungen auf, die durch zu kleine Vorschübe bzw. zu große Ecken- bzw. Schneidenradien auftreten können.

6. Beschreiben Sie die Ursachen, die für die Welligkeit bzw. die **Rattermarken** am Werkstück verantwortlich sind.

Name:	Klasse:	Datum:

7. Interpretieren Sie das nebenstehende Bild.

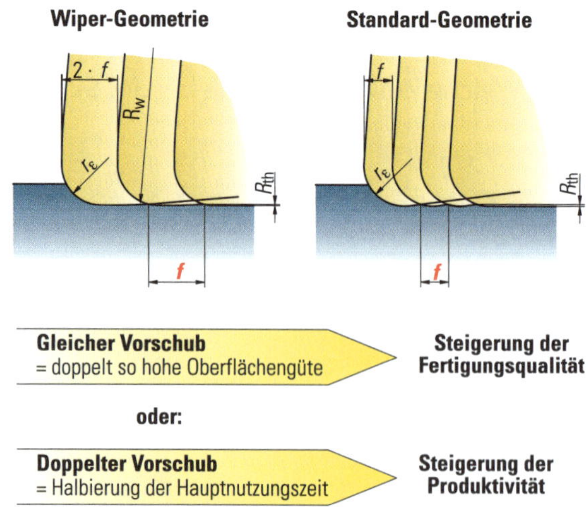

Optimieren unter ökologischen Gesichtspunkten

1. Welche drei Bereiche müssen Sie beachten, wenn Sie die Umweltbelastung bei der Zerspanung reduzieren wollen?

2. Wie sind die bei der Zerspanung anfallenden Öle und Kühlschmierstoffe zu entsorgen?

3. Welche zwei Möglichkeiten können Sie anwenden, um die Kühlschmierstoffe zu vermeiden bzw. zu verringern?

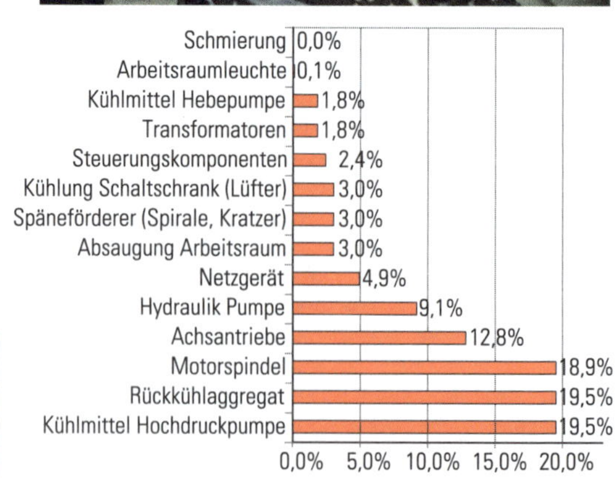

4. Das nebenstehende Bild zeigt die **Energiebilanz** eines Bearbeitungszentrums. Zeigen Sie Möglichkeiten auf, wie Sie als Fachkraft bei dem Bearbeitungszentrum Energie einsparen können.

5. Wodurch können Sie die **Materialeffizienz** steigern?

Name:	Klasse:	Datum:

S. 379-385

Verschleißursachen

Merke

Die **Standzeit** ist die Zeit, die eine Werkzeugschneide ______________ ist, bis sie aufgrund des aufgetretenen Verschleißes gewechselt werden muss.

Wendeschneidplatte ohne und mit Verschleiß

1. Welche **Standzeit** legen die Schneidstoff- und Werkzeughersteller für die von ihnen empfohlenen Schnittdaten zugrunde?

2. Eine Welle aus 34CrMo4 wird mit einer Schnittgeschwindigkeit von 250 m/min bei einem Vorschub von 0,5 mm bei einer Schnitttiefe von 6 mm bearbeitet.

a) Welches Zeitspanvolumen entsteht dabei?

b) Welches Spanvolumen entsteht in 15 Minuten?

c) Wie groß ist die Spanmasse?

3. Ergänzen Sie die folgende Grafik.

Verschleißursachen

Name:	Klasse:	Datum:

4. Beschreiben Sie das Entstehen des **Abrasionsverschleißes** mithilfe des nebenstehenden Bildes zum Drehen.

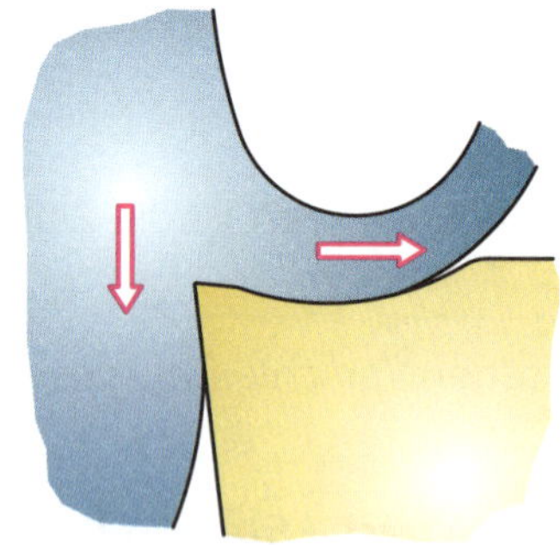

5. Erklären Sie mithilfe des nebenstehenden Bildes den **Diffusionsverschleiß**.

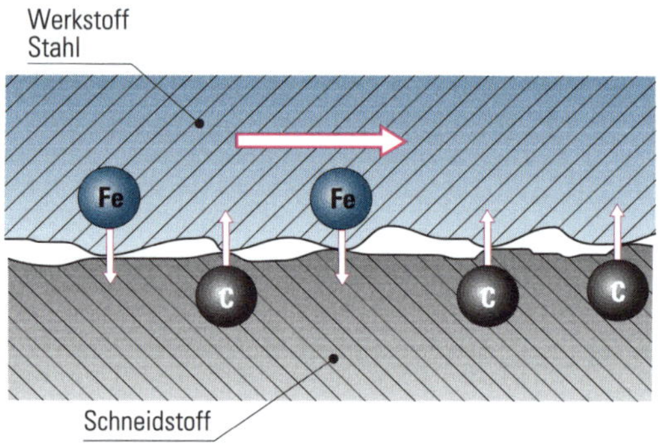

6. Erläutern Sie, warum Eisenmetalle sich *nicht mit Diamant* als härtestem Schneidstoff zerspanen lassen.

7. Beschreiben Sie, wie an den markierten Stellen der Schneidplatte beim Fräsen ein **Oxidationsverschleiß** entstehen kann.

Name:	Klasse:	Datum:

S. 379–385

Verschleißformen

1. Tragen Sie in die Grafik die verschiedenen *Verschleißformen* ein.

Verschleißformen

2. Benennen Sie die dargestellten *Verschleißerscheinungen*, geben Sie ihre Ursachen und Vermeidungsstrategien an.

	Ursache:
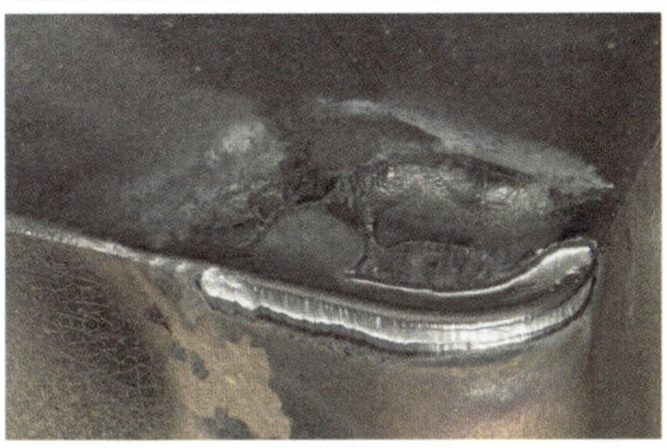	
	Vermeidungsstrategien:
	Ursache:

	Vermeidungsstrategien:
	Ursache:

	Vermeidungsstrategien:
	Ursache:
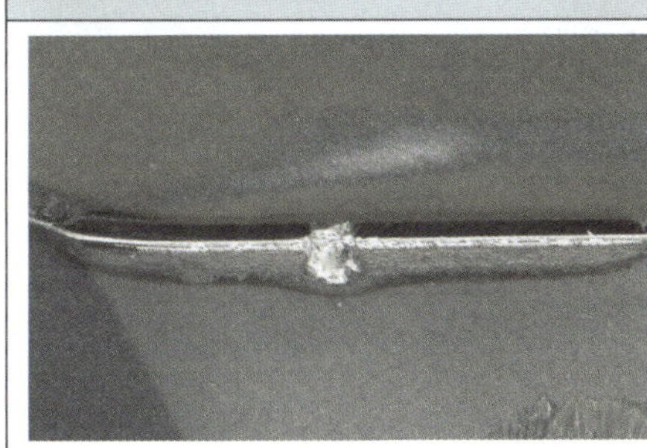	
	Vermeidungsstrategien:

Name:	Klasse:	Datum:

S. 379–385

Aufbauschneidenbildung

1. Unter welchen Bedingungen kann es zu der Bildung einer **Aufbauschneide** kommen, wie sie im Bild dargestellt ist?

2. Welche Auswirkungen hat die Aufbauschneide auf den Zerspanungsprozess?

3. Nennen Sie drei Maßnahmen und die damit verbundenen Auswirkungen, die Sie ergreifen, um die Bildung einer Aufbauschneide zu verhindern.

Schneidenbruch

1. Nennen Sie vier Gründe, die zum Schneiden- oder Werkzeugbruch führen können.

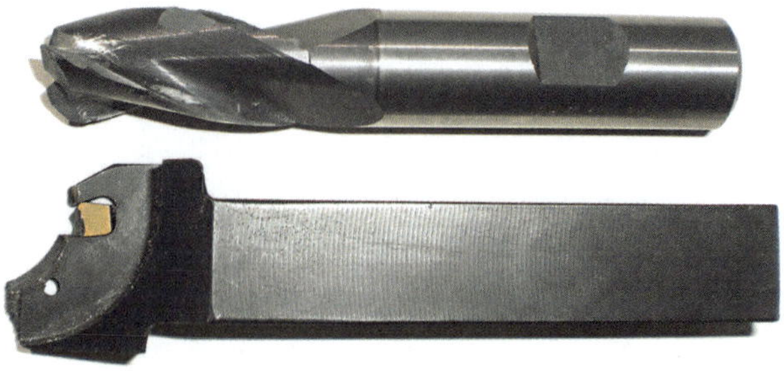

Name:	Klasse:	Datum:

Verschleißkriterien

1. Wo treten welche Verschleißformen beim Zerspanen immer auf, die sich nicht vermeiden, sondern lediglich reduzieren lassen?

2. Eine messbare Größe zur Beurteilung des Freiflächenverschleißes ist die **Verschleißmarkenbreite V_B**. Je größer sie wird, umso ungünstiger werden die Zerspanungsbedingungen. Wie hängt ihre zulässige Größe vom Bearbeitungsverfahren (Schruppen/Schlichten) ab?

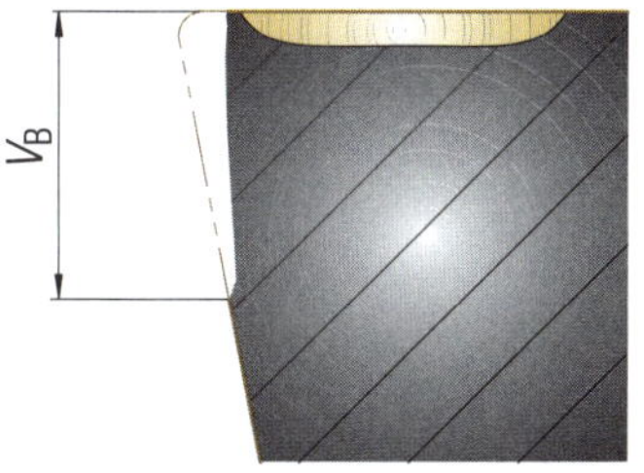

3. Wie groß sind meist die vom Anwender festgelegten *zulässigen Verschleißmarkenbreiten* V_B und was geschieht, wenn der zulässige Wert überschritten wird?

4. Der Kolkverschleiß wird vorrangig durch die Tiefe der Auskolkung **Kolktiefe K_T** bestimmt, ergänzend kann auch die **Kolkbreite K_B** hinzugezogen werden. Wie groß sind meist die zulässigen Kolktiefen K_T?

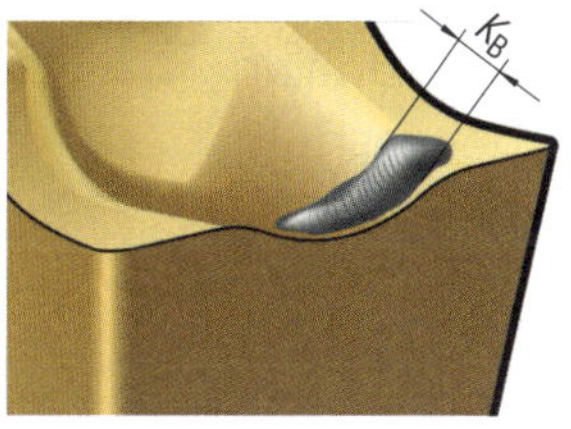

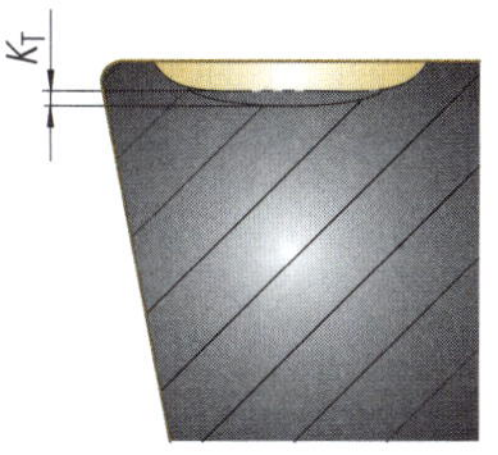

Werkzeugüberwachung

1. Beschreiben Sie drei Gründe, warum Werkzeugüberwachungssysteme in der automatisierten Fertigung immer mehr an Bedeutung gewinnen.

Name:	Klasse:	Datum:

2. Nennen Sie *vier physikalische Größen* mit deren Hilfe die Werkzeugüberwachung während des Zerspanungsprozesses erfolgt.

3. In dem nebenstehenden Bild ist das Werkzeugüberwachungssystem einer CNC-Drehmaschine dargestellt.

a) Welche Komponenten werden mithilfe der Körperschallmessung überwacht?

b) Von welchen Motoren werden die Wirkleistungen erfasst?

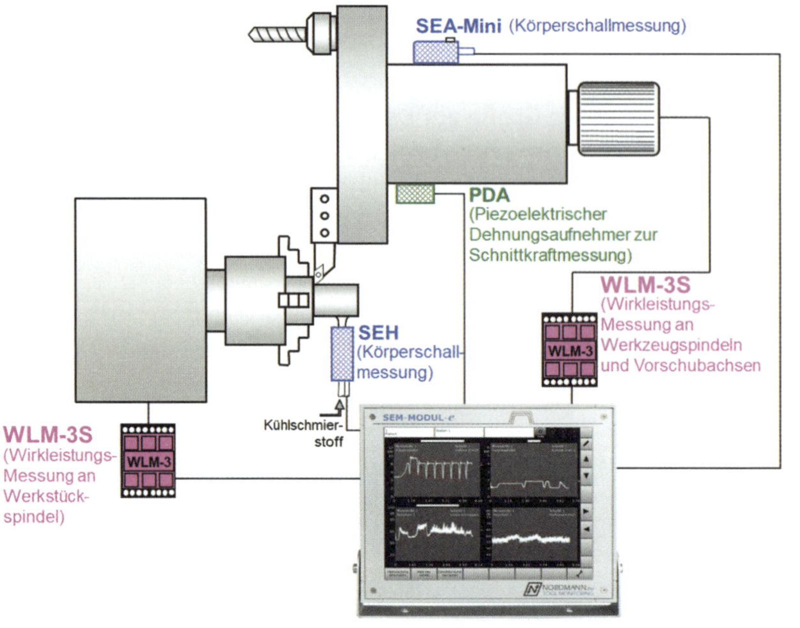

4. Beschreiben Sie mithilfe des Bildes wie die Hüllkurven entstehen und das Hüllkurvenprinzip bei der Werkzeugüberwachung funktioniert.

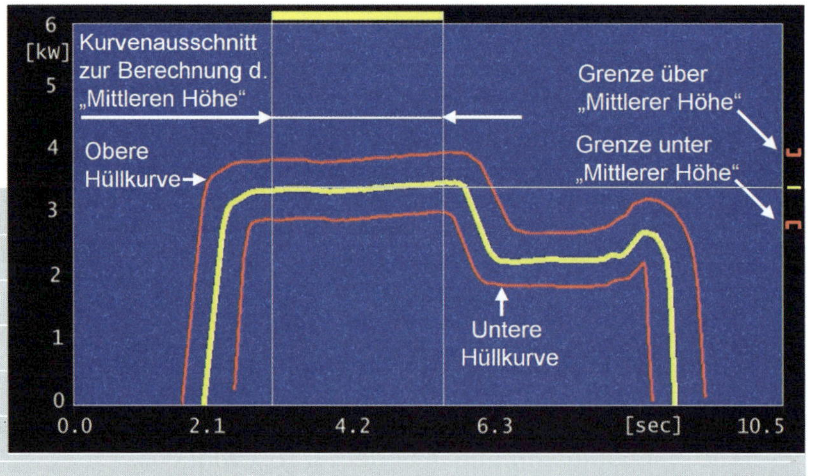

5. Wie erfolgt die **automatische Werkzeugüberwachung** vor oder nach dem Zerpanungsprozess?

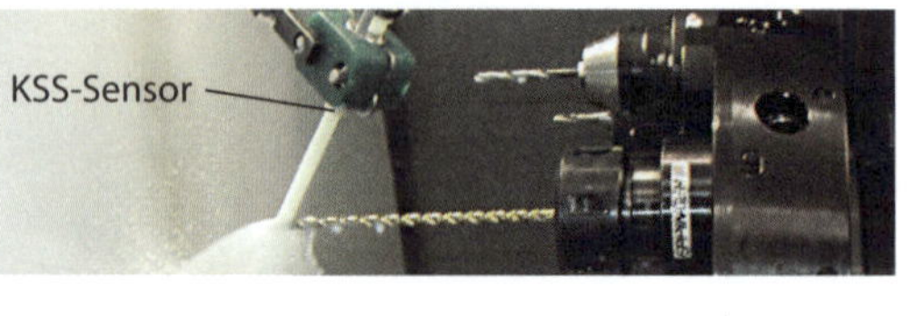

6. Welche Vorteile haben diese Überwachungssysteme?

Name:	Klasse:	Datum:

Verschleißverhalten

1. Interpretieren Sie das nebenstehende Diagramm.

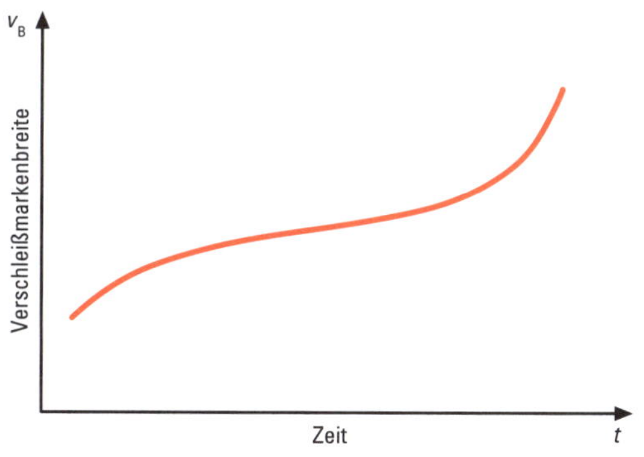

2. Wie wirken sich Schnittgeschwindigkeit v_c, Vorschub f und Schnitttiefe a_p auf den *Verschleiß* aus?

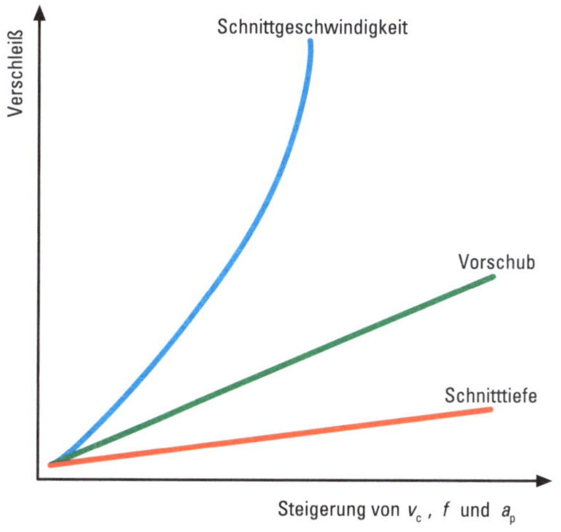

3. Warum wird der *Freiflächenverschleiß* zur quantitativen Beurteilung des Werkzeugverschleißes genutzt?

Standzeitberechnung nach Taylor

1. Im nebenstehenden Diagramm ist für einen unlegierten Baustahl und einer zulässigen Verschleißmarkenbreite vom 0,2 mm die Standzeit von verschiedenen Schneidstoffen in Abhängigkeit von der Schnittgeschwindigkeit dargestellt.

a) Welche *Standzeit T* ist zu erwarten, wenn unbeschichtetes Hartmetall mit v_c = 200 m/min zum Einsatz kommt?

b) Wie verändert sich die Standzeit für beschichtetes Hartmetall, wenn v_c von 300 m/min auf 400 gesteigert wird?

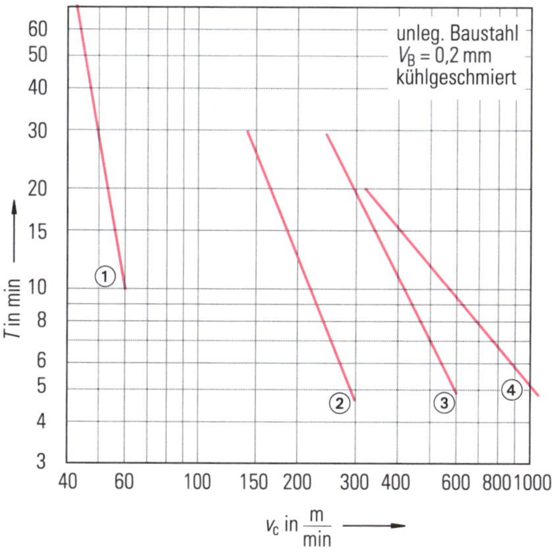

①: HSS, unbeschichtet
②: Hartmetall, unbeschichtet
③: HSS, beschichtet
④: Schneidkeramik

c) Welche *Schnittgeschwindigkeit* kann für Schneidkeramik bei T = 15 min gewählt werden?

Name:	Klasse:	Datum:

Kostenoptimale Standzeit

1. Welches Ziel wird mit der **kostenoptimalen Standzeit** angestrebt?

2. Welche vier *Einflussgrößen* sind beim Bestimmen der kostenoptimalen Standzeit zu berücksichtigen?

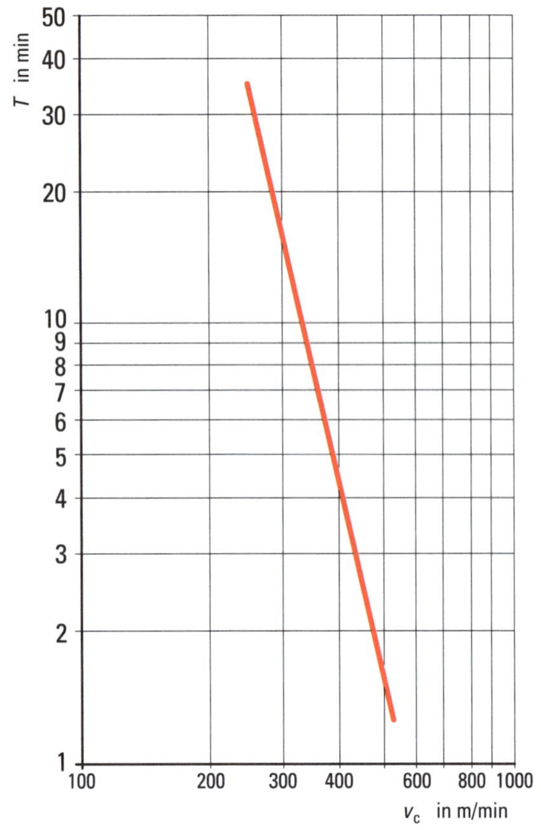

3. Für die Zerspanung an einer CNC-Drehmaschine ergeben sich folgende Daten: $K_{WT} = 3{,}20$ €, $K_{ML} = 2{,}50$ €, $t_W = 4$ min. Bestimmen Sie für beschichtete Wendeschneidplatten des nebenstehenden Diagramms die *kostenoptimale Standzeit $T_{K\,opt}$* und die dazugehörige *Schnittgeschwindigkeit v_c*.

Zeitoptimale Standzeit

1. Welches Ziel wird der **zeitoptimalen Standzeit** angestrebt?

2. Berechnen Sie die *zeitoptimierte Standzeit $T_{Z\,opt}$* für die Angaben der Aufgabe 3 und geben Sie dafür die *Schnittgeschwindigkeit v_c* an.

Name:	Klasse:	Datum:

S. 389–393

Schnittleistung, Schnittmoment und Wirkungsgrad

1. Bestimmen Sie die **Schnittleistung P_c** für den Schruppprozess, wenn eine Schnittkraft von 6300 N bei einer Schnittgeschwindigkeit von 250 m/min wirkt.

2. Eine Welle aus 42CrMo4 wird beim Schruppen längsrundgedreht. Dabei ist bei einer Spanungsdicke 0,4 mm, einem Einstellwinkel von 60° und einer Schnitttiefe von 6 mm eine Schnittgeschwindigkeit von 220 m/min vorhanden. Wie groß sind

a) der Spanungsquerschnitt,

b) die Schnittkraft und

c) die Schnittleistung?

3. Eine Welle aus 34C4 wird mit 250 m/min längsgeschruppt. Dabei sind $a_p = 6$ mm, $f = 0{,}6$ mm und $\kappa = 45°$. Bestimmen Sie

a) den Spanungsquerschnitt,

b) die Spanungsdicke

c) die unkorrigierte spezifische Schnittkraft,

d) die Schnittkraft und

e) die Schnittleistung.

Name:	Klasse:	Datum:

4. Der Antriebsmotor einer CNC-Drehmaschine nimmt eine Leistung von 35 kW auf, sein Wirkungsgrad beträgt 87 %. Das Getriebe mit Antriebsspindel hat einen Wirkungsgrad von 0,82. Wie groß ist

a) der *Gesamtwirkungsgrad* der Anlage und

b) die maximale Leistung, die zum Zerspanen zur Verfügung steht?

5. Auf der Drehmaschine wird mit dem dargestellten Wendeschneidplattenbohrer von Ø36 mm Durchmesser beim Bearbeiten des Drehteils aus 42CrMo4 mit einer Schnittgeschwindigkeit von 200 m/min und einem Vorschub von 0,25 mm ins Volle gebohrt.

a) Bestimmen Sie die Schnittkraft und das Schnittmoment.

b) Wie groß ist die Schnittleistung?

c) Welche elektrische Antriebsleistung nimmt der Antriebsmotor auf, wenn der Motor einen Wirkungsgrad von 0,88 und das Getriebe einen von 86 % hat?

Name:	Klasse:	Datum:

6. Die beiden Absätze der Gleitleiste aus 41Cr4 werden mit einer Zustellung von 5 mm dem dargestellten Eckfräser mit 100 mm Durchmesser geschruppt. Das geschieht mit einer Schnittgeschwindigkeit von 310 m/min und einem Vorschub pro Zahn von 0,4 mm.

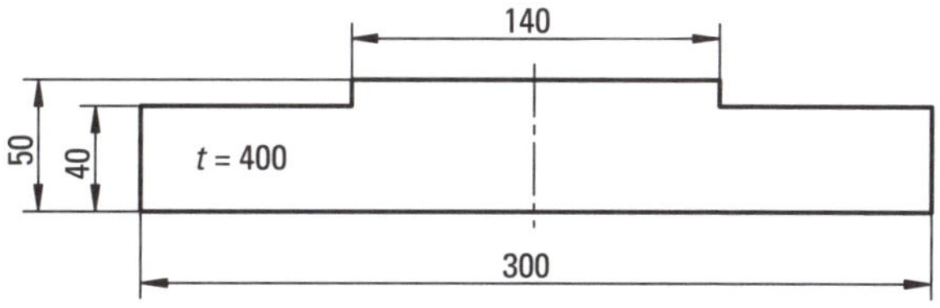

a) Bestimmen Sie die Umdrehungsfrequenz.

b) Wie groß ist die Vorschubgeschwindigkeit in m/min?

c) Berechnen Sie die mittlere Schnittleistung beim Schruppen.

d) Wie groß ist das benötigte Schnittmoment?

e) Welche elektrische Leistung nimmt der Antriebsmotor der Fräsmaschine während des Schruppens auf, wenn der Motor einen Wirkungsgrad von 0,87 und 12 % mechanische Verluste auftreten?

Name:	Klasse:	Datum:

Maximale Zerspanungswerte

1. Im folgenden Bild ist das **Leistungsdiagramm** einer 5-Achs-Fräsmaschine dargestellt.
Welche Schnittleistung und welches Drehmoment stehen an der Spindel der Fräsmaschine bei einer Umdrehungsfrequenz 2800/min und 100 % Einschaltdauer zur Verfügung?

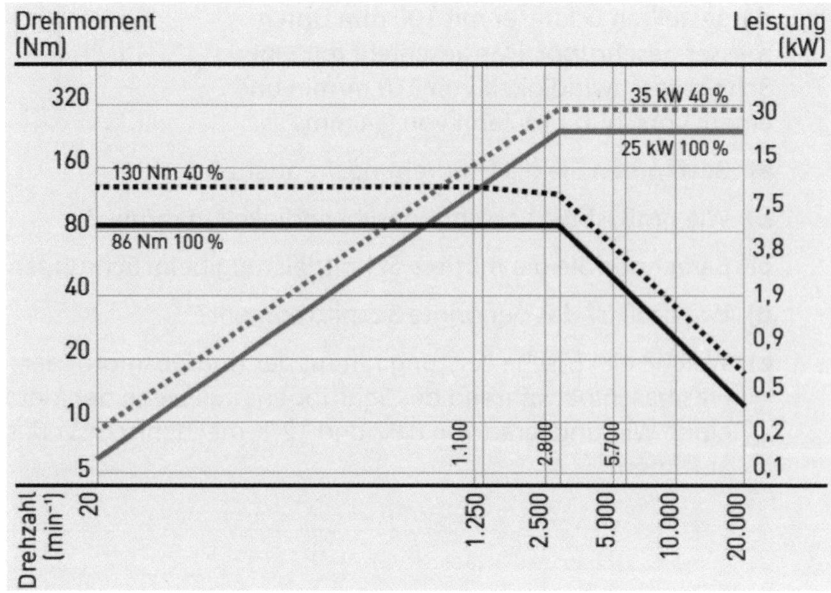

2. Um wie viel Prozent erhöhen sich die Werte bei der gleichen Umdrehungsfrequenz, wenn die Einschaltdauer 40 % beträgt?

3. Beim Schruppen eines Vergütungsstahles 50CrV4 mit einem Messerkopf (Ø80 mm, 4 Schneiden) soll mit einem Vorschub pro Zahn von 0,15 mm, einem Überdeckungsgrad von 75 % und einer Zustellung a_p = 3 mm bei einer Schnittgeschwindigkeit von 310 m/min gearbeitet werden. Ist dies mit der oben aufgeführten 5-Achs-Fräsmaschine zu realisieren, wenn die spezifische Schnittkraft 3350 N/mm² beträgt und die Einschaltdauer bei 100 % liegt?

Name:	Klasse:	Datum:

Schneidstoffauswahl

1. Die Hartmetalle sind in sechs **Hauptanwendungsgruppen** eingeteilt. Tragen Sie in die folgende Tabelle die Werkstoffe ein, die mit der jeweiligen Hartmetallhauptgruppe bearbeitet werden.

Hauptgruppe		
	P	
	M	
	K	
	N	
	S	
	H	

2. Welche Eigenschaften bestimmen innerhalb der Hauptgruppe P im Wesentlichen die Auswahl des speziellen Schneidstoffes?

3. Nennen Sie fünf **Glühverfahren**, die Einfluss auf die Zerspanungsbedingungen haben.

Name:	Klasse:	Datum:

Gefügeänderungen durch Glühen

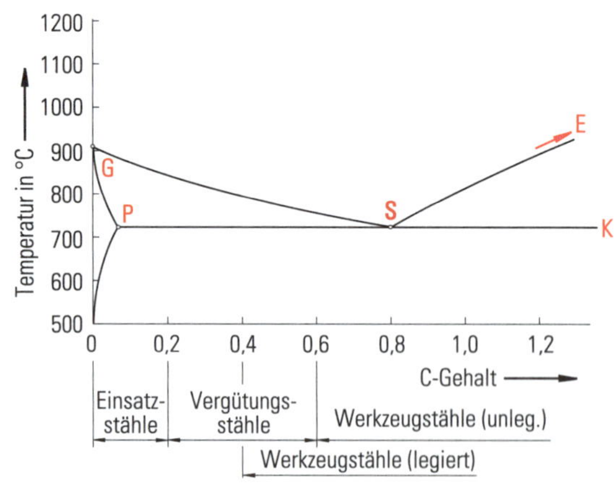

1. Aus welchen Gründen erfolgt das **Spannungsarmglühen** vor der Zerspanung?

2. Welche Vorgänge laufen während des Spannungsarmglühens im Bauteil ab?

3. Tragen Sie den Bereich des Spannungsarmglühens in das Eisen-Kohlenstoff-Diagramm ein.

4. Was soll durch das **Normalglühen** erreicht werden?

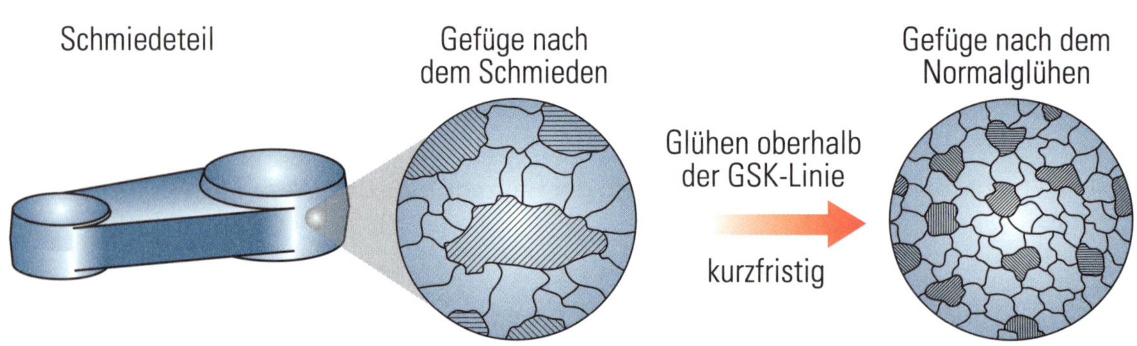

5. Wie wirkt sich der Ferritanteil eines normalgeglühten Stahles auf dessen Zerspanung aus?

6. Tragen Sie den Bereich des Normalglühens in das obige Eisen-Kohlenstoff-Diagramm ein.

Name:	Klasse:	Datum:

S. 394–399

7. Aus welchem Grunde werden Stähle **weichgeglüht**, wie geschieht das und welche Auswirkungen hat das für die Zerspanung der Werkstücke?

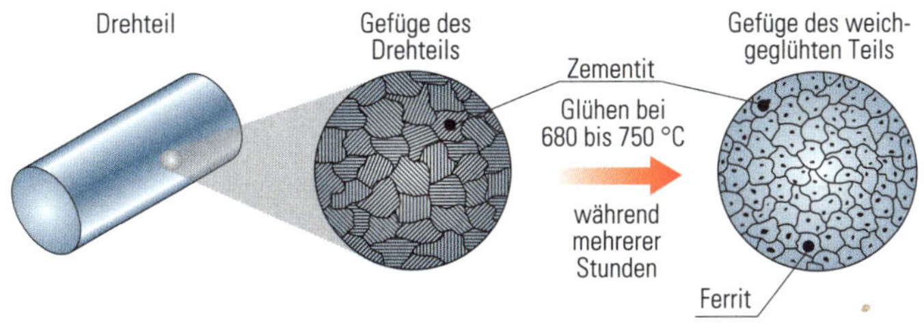

8. Tragen Sie den Bereich des Weichglühens in das Eisen-Kohlenstoff-Diagramm auf der vorhergehenden Seite ein.

9. Zeigen Sie auf, welche Stähle mit Grobkornglühen wärmebehandelt und welche Zerspanungseigenschaften dadurch beeinflusst werden.

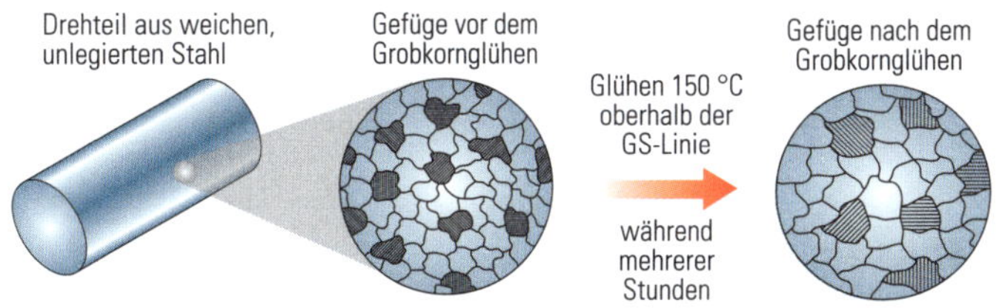

10. Tragen Sie den Bereich des Grobkornglühens in das Eisen-Kohlenstoff-Diagramm auf der vorhergehenden Seite ein.

11. Warum werden kaltumgeformte Bauteile **rekristallisationsgeglüht**?

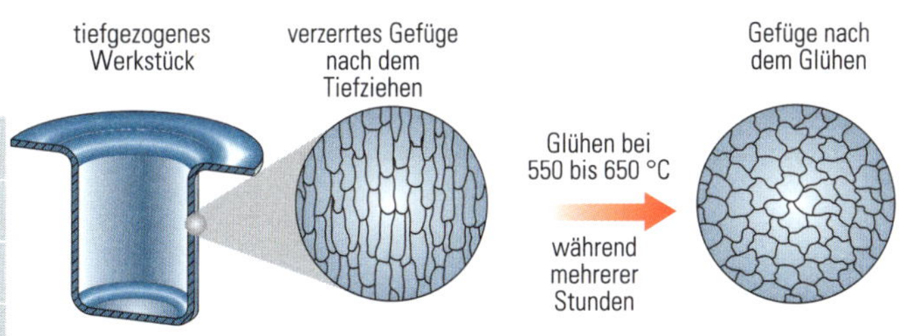

Name:	Klasse:	Datum:

Härten von Stahl durch Martensitbildung

Merke

Beim **Härten** wird Stahl auf eine Temperatur ______________ der G-S-K-Linie erwärmt, eine Zeit lang auf dieser Temperatur ______________ und nachfolgend ______________ abgekühlt.

1. Welche Gitterstruktur hat das Eisen oberhalb der G-S-K-Linie, in welcher Form liegt der dabei der Kohlenstoff vor und wie wird das Gefüge genannt?

2. Was geschieht beim Abschrecken innerhalb des Gefüges und wie wird das Härtegefüge bezeichnet?

Anlassen

Merke

Beim **Anlassen** wird der Stahl auf eine Temperatur zwischen ______________ erwärmt, eine Zeitlang auf dieser Temperatur ______________ und dann ______________ abgekühlt.

1. Welche Vorgänge laufen während des **Anlassens** im Gefüge ab?

2. Beschreiben Sie, wie sich vier Eigenschaften des gehärteten Stahls durch Anlassen verändern.

3. Interpretieren Sie das **Anlassschaubild** für C105U.

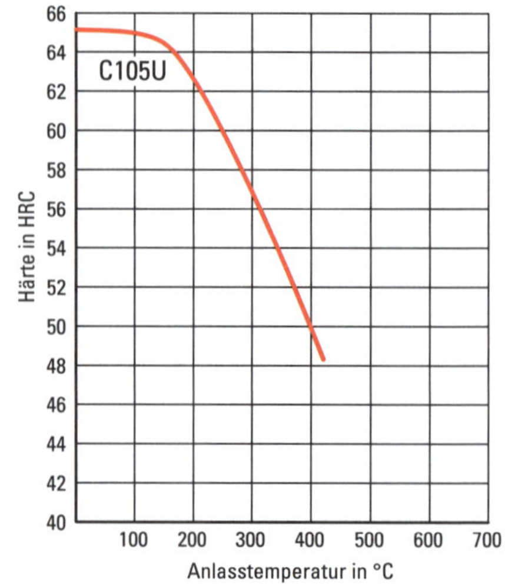

4. Auf welche Temperatur muss das Werkstück aus C105U angelassen werden, um die Härte von 65 auf 60 HRC zu reduzieren?

Name:	Klasse:	Datum:

Vergüten

Merke

Vergüten ist Härten mit Anlassen bei ___________ Temperaturen zwischen ______________________.

1. Welche Eigenschaften soll ein Stahl durch **Vergüten** erhalten?

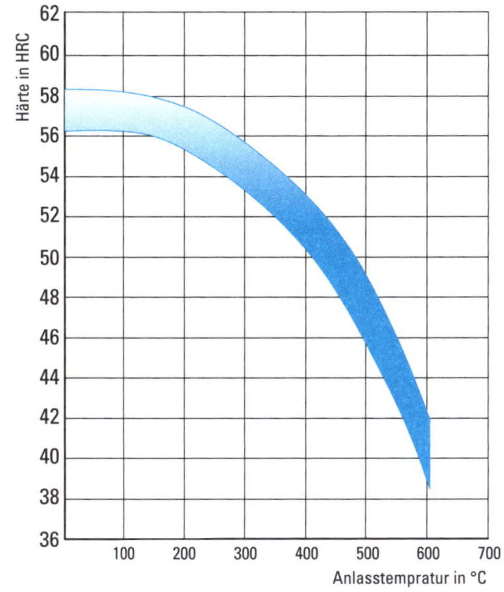

2. Ermitteln Sie mithilfe des nebenstehenden Anlassschaubildes für 45WCrV7 die Anlasstemperatur, um eine Härte von 46 HRC zu erreichen.

3. In welcher Phase der Zerspanung erfolgt oft das Vergüten von Bauteilen?

Randschichthärten

1. Welche Ziele werden mit dem **Randschichthärten** angestrebt?

2. Benennen und beschreiben Sie das dargestellte Randschichthärteverfahren.

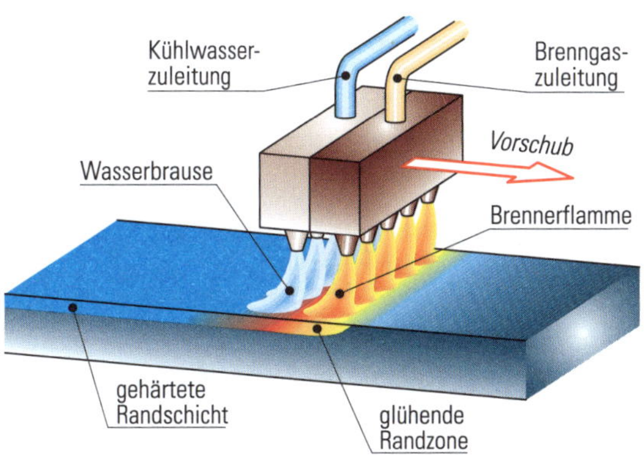

3. Wie unterscheidet sich das **Induktionshärten** vom Flammhärten?

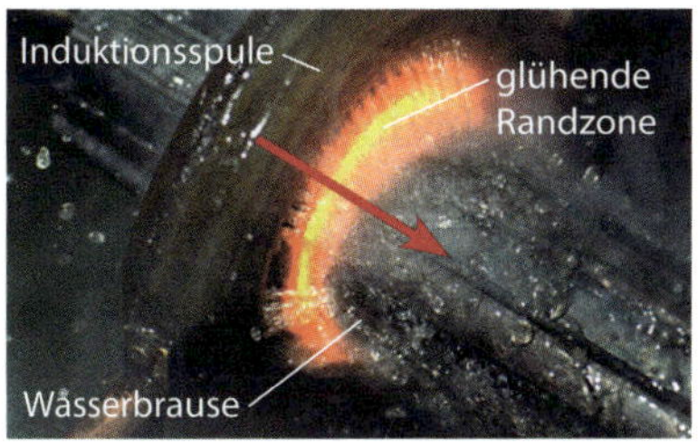

Name:	Klasse:	Datum:

1. Der dargestellte Auswerfer aus 20MoCr4 ist zu fertigen.

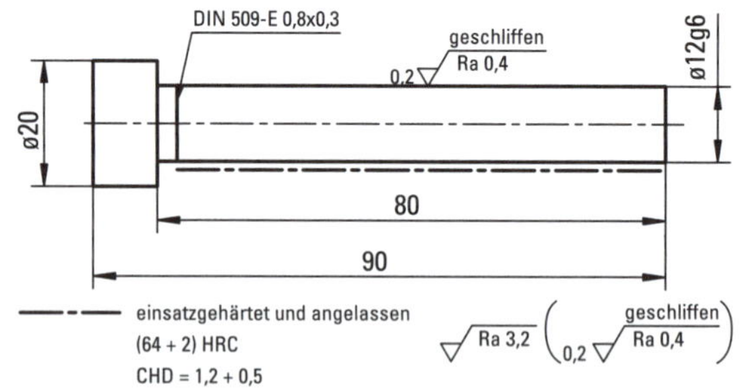

a) Zu welcher Stahlgruppe gehört der Werkstoff?

b) Lässt sich dieser Stahl ohne zusätzliche Behandlung härten?

c) Welche Prozesse laufen beim **Einsatzhärten** im Stahlgefüge ab?

d) Beschreiben Sie stichpunktartig die Fertigung des Auswerfers.

5. Nennen Sie Legierungselemente, die die meisten **Nitrierstähle** besitzen.

6. Beschreiben Sie den Prozess des **Nitrierens**.

7. Welchen wesentlichen Vorteil hat das Nitrieren gegenüber dem Flamm- und Induktionshärten?

8. Was verstehen Sie unter **Carbonitrieren**?

9. Beschreiben Sie das Prinzip des **Laserhärtens**.

Name:	Klasse:	Datum:

Bohrmaschinen

1. Benennen Sie in der folgenden Tabelle die **Bohrmaschinentypen** und geben Sie deren hauptsächlichen Verwendungszweck an.

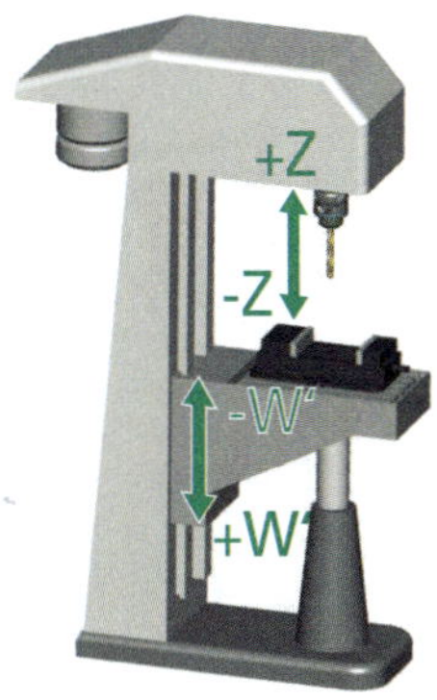	Bezeichnung: Verwendung:	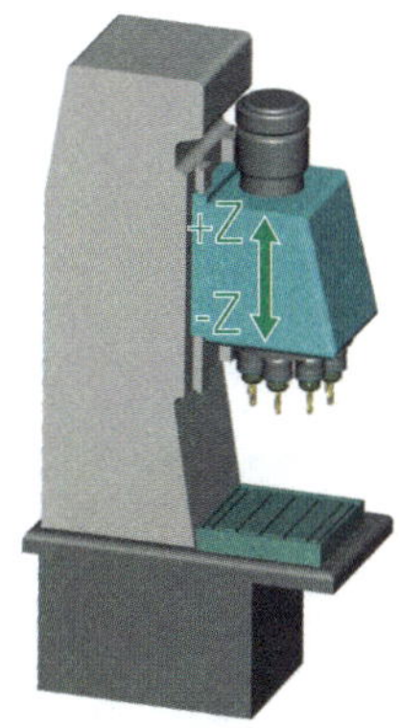	Bezeichnung: Verwendung:
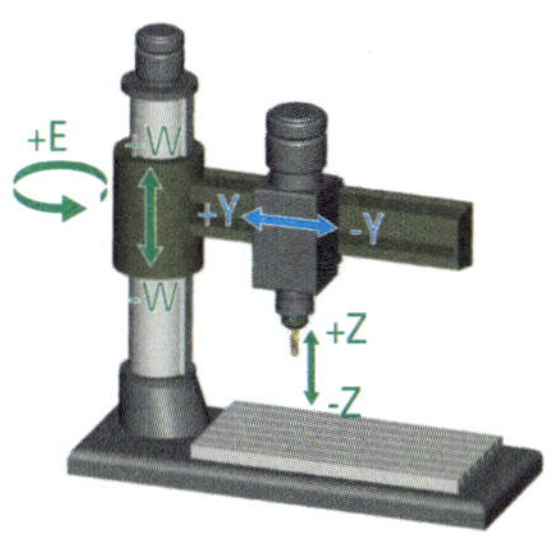	Bezeichnung: Verwendung:	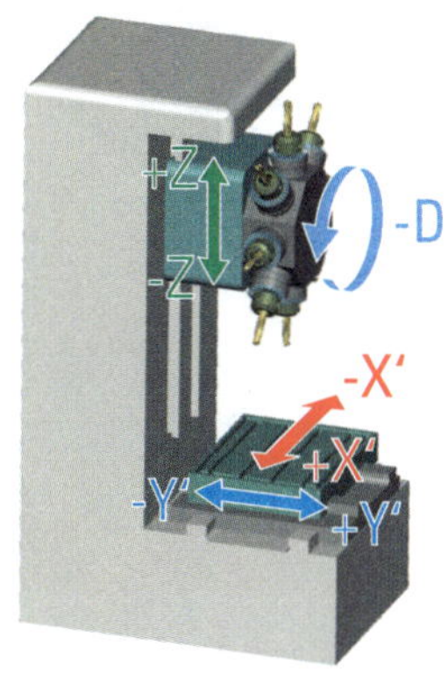	Bezeichnung: Verwendung:
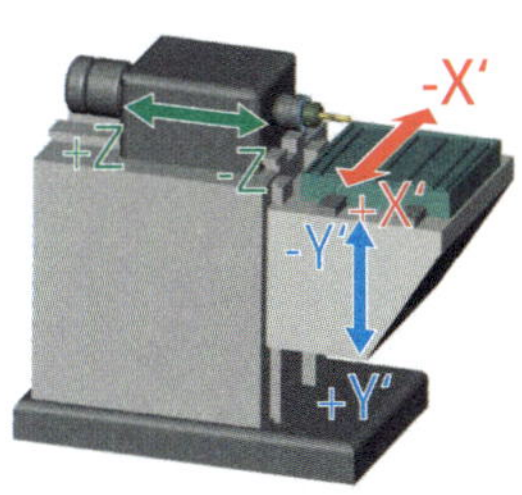	Bezeichnung: Verwendung:	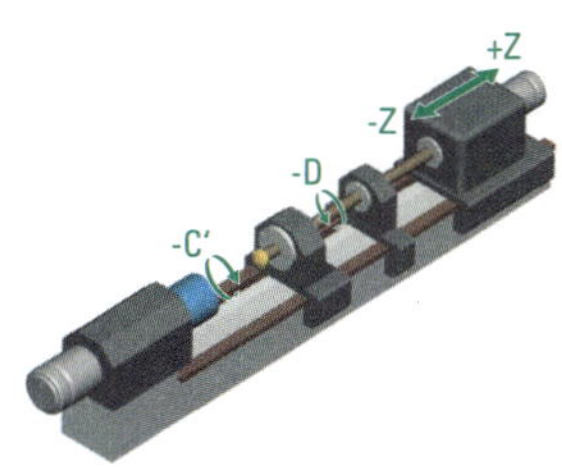	Bezeichnung: Verwendung:

Name:	Klasse:	Datum:

S. 400–405

Drehmaschinen

1. Benennen Sie in der folgenden Tabelle die **Drehmaschinentypen** und geben Sie deren hauptsächlichen Verwendungszweck an.

<table>
<tr>
<td>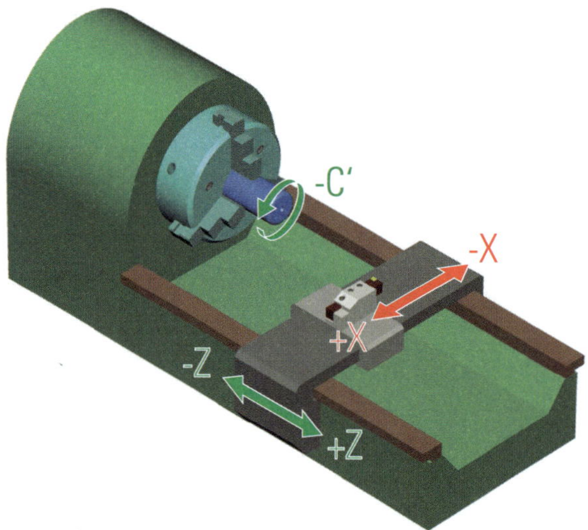

Bezeichnung:</td>
<td>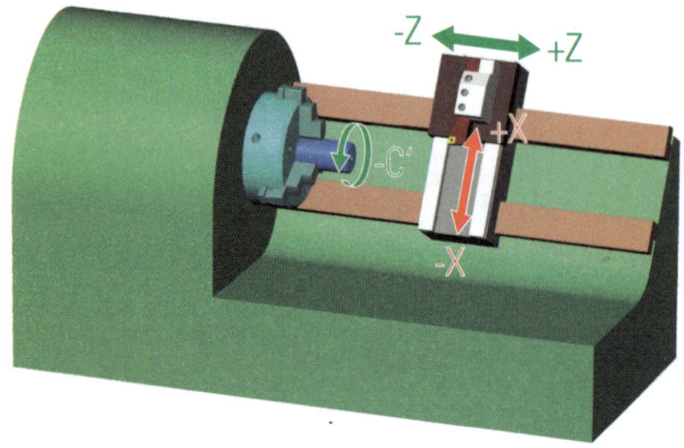

Bezeichnung:</td>
</tr>
<tr><td></td><td></td></tr>
<tr><td>Verwendung:</td><td>Verwendung:</td></tr>
<tr><td></td><td></td></tr>
<tr>
<td>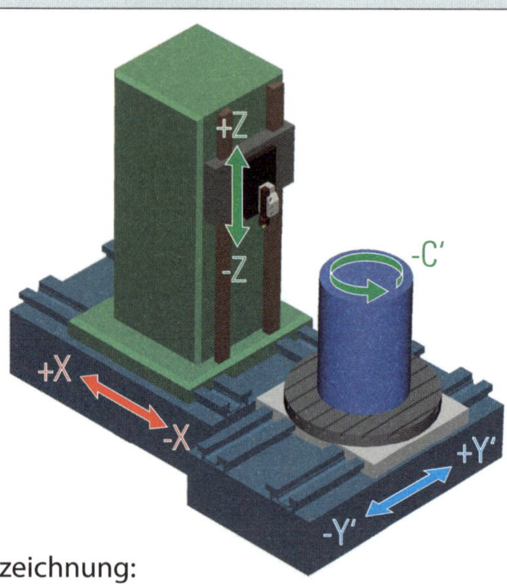

Bezeichnung:</td>
<td>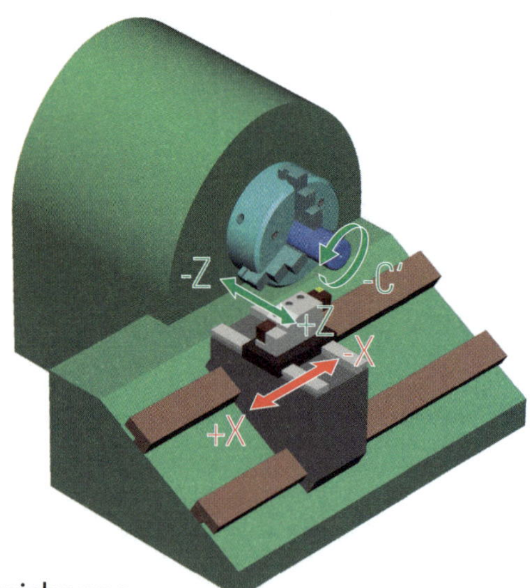

Bezeichnung:</td>
</tr>
<tr><td></td><td></td></tr>
<tr><td>Verwendung:</td><td>Verwendung:</td></tr>
<tr><td></td><td></td></tr>
</table>

Name:	Klasse:	Datum:

S. 400–405

Fräsmaschinen

1. Beschreiben Sie den Aufbau und die Verwendung von Konsolfräsmaschinen.

2. Beschreiben Sie den Aufbau und die Verwendung von Bettfräsmaschinen.

3. Beschreiben Sie den Aufbau und die Verwendung von Portalfräsmaschinen.

4. Benennen Sie in der folgenden Tabelle die **Fräsmaschinentypen** und geben Sie deren Bauform an.

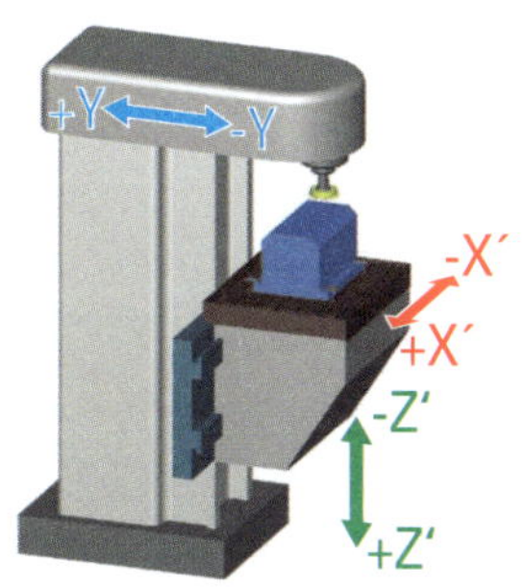	Bezeichnung: Bauform:	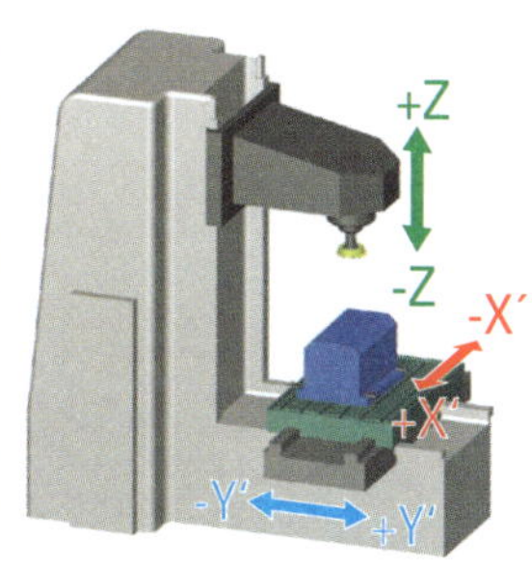	Bezeichnung: Bauform:
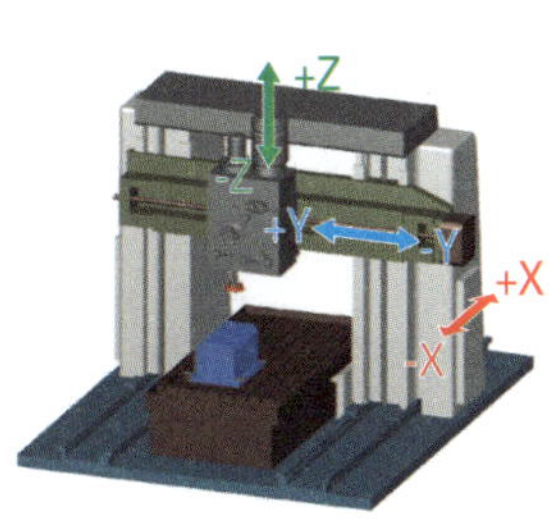	Bezeichnung: Bauform:	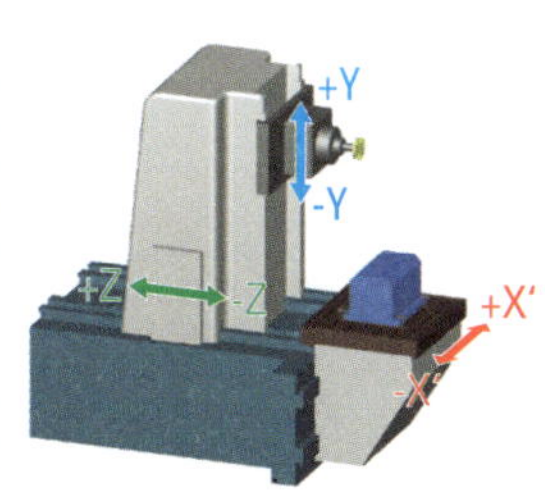	Bezeichnung: Bauform:
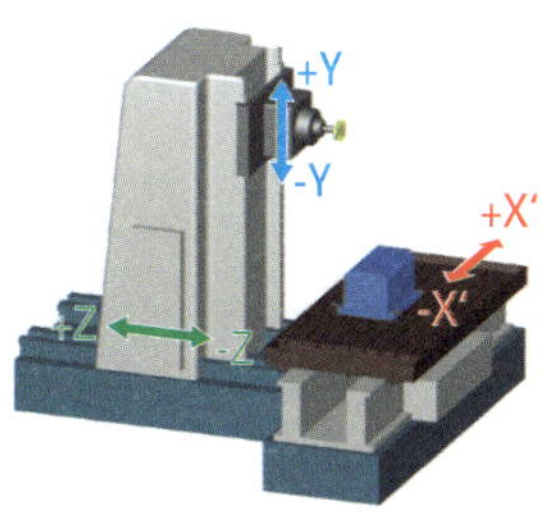	Bezeichnung: Bauform:	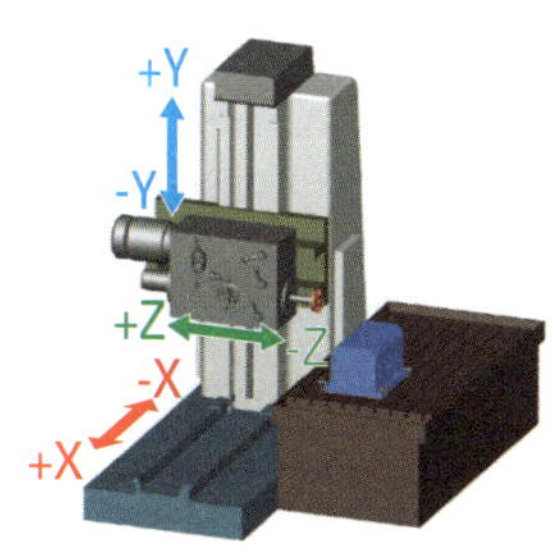	Bezeichnung: Bauform:

Name:	Klasse:	Datum:

S. 406–407

High Performance Cutting (HPC)

1. Was ist das Ziel vom Hochleistungsfräsen (High Performance Cutting)?

2. Die folgenden Daten sind ein Beispiel für HPC:
Werkstoff 16MnCr5
beschichteter Vollhartmetallfräser Ø 20, $z = 4$
$v_c = 450$ m/min
$a_e = 1{,}2$ mm $= 6$ %
$a_p = 63$ mm
$f_z = 0{,}5$ mm

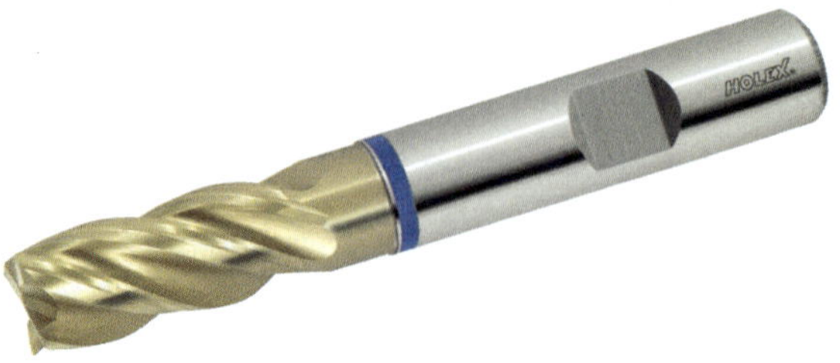

a) Beurteilen Sie die angegebenen Zerspanungsparameter.

b) Ermitteln Sie die maximale Spanungsdicke.

c) Berechnen Sie die Umdrehungsfrequenz und die Vorschubgeschwindigkeit.

d) Wie groß ist das Zeitspanvolumen?

Name:	Klasse:	Datum:

S. 406–407

High Productive Cutting

1. Worauf zielt High Productive Cutting ab und welche Strategien helfen, das Ziel zu erreichen?

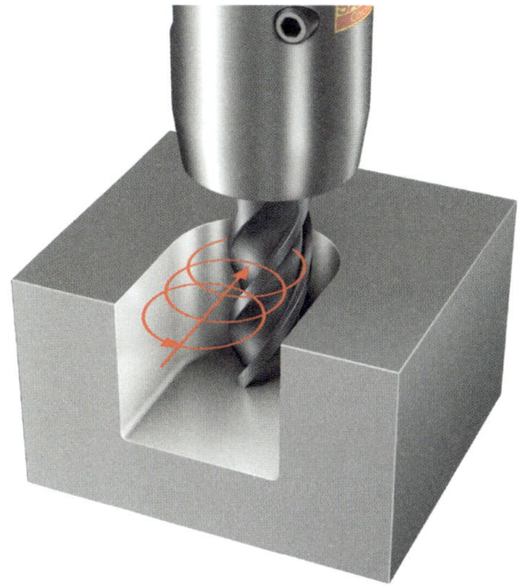

2. Das **Trochoidalfräsen (TPC)** im nebenstehenden Bild stellt einen Zirkularprozess dar. Treffen Sie mithilfe des Fachbuchs und einer Internetrecherche Aussagen über die Prozessparameter und die Vorteile des Verfahrens.

Prozessparameter:

Vorteile:

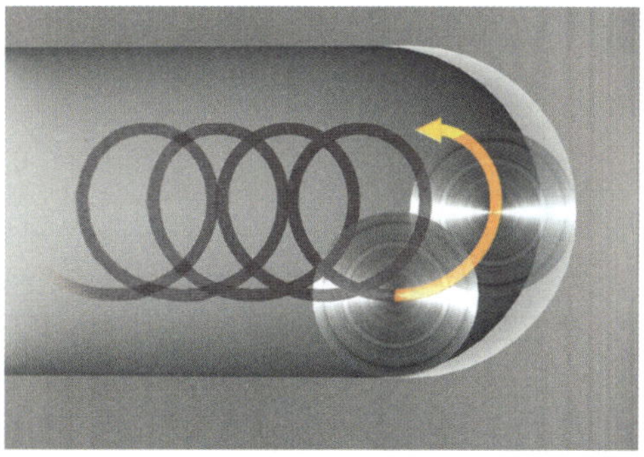

3. Das nebenstehende Bild stellt das *statische* Trochoidalfräsen dar. Markieren Sie dazu in dem folgenden Text die wesentlichen Aussagen.

Es handelt sich um eine Frässtrategie mit a_e-poptimierten Verfahrenswegen. Der maximale Arbeitseingriff (a_{emax}) als auch die Vorschubgeschwindigkeit (v_f) sind konstant. Die statische Frässtrategie kann mittels Standard-Programmiersystem an allen CNC-Fräsmaschinen eingesetzt werden kann. Die mittlere Spanungsdicke h_m ist nicht konstant. Unterschiedliche Späne bedeuten ungleiche Belastung. Die Vorteile gegenüber konventioneller Frässtrategie sind ein höheres Zeitspanvolumen, Nutzung der gesamten Schneidelänge und eine höhere Standzeit.

4. Das nebenstehende Bild stellt das *dynamische* Trochoidalfräsen dar. Markieren Sie dazu in dem folgenden Text die wesentlichen Aussagen.

Der optimale Zerspanungsprozess wird von der dynamisch trochoidalen Strategie beschrieben. Abhängig vom Werkstoff wird der maximale Eingriffswinkel und die dazu passende maximale Spanungsdicke definiert. Der Eingriffswinkel φs ist je nach Werkstoff begrenzt. Die Vorschubgeschwindigkeit wird vom CAM-System ständig neu errechnet und angepasst: Die mittlere Spanungsdicke h_m ist konstant. Es werden gleichmäßige Späne erzeugt. Das CAM-System ermöglicht mit dynamischer Vorschubgeschwindigkeit und variablem Arbeitseingriff a_e die maximale Effizienz der TPC-Werkzeuge. Beim dynamisch trochoidalen Fräsen haben Sie die geringste Wärmeentwicklung, höchste Standzeiten und ein maximales Zeitspanvolumen. Es erfordert jedoch ein modernes CAM-System oder eine moderne Maschinensteuerung, ein möglichst dynamisches Bearbeitungszentrum und TPC-Werkzeuge.

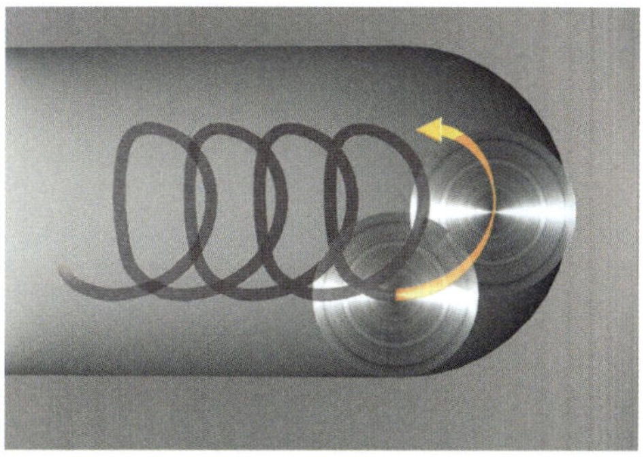

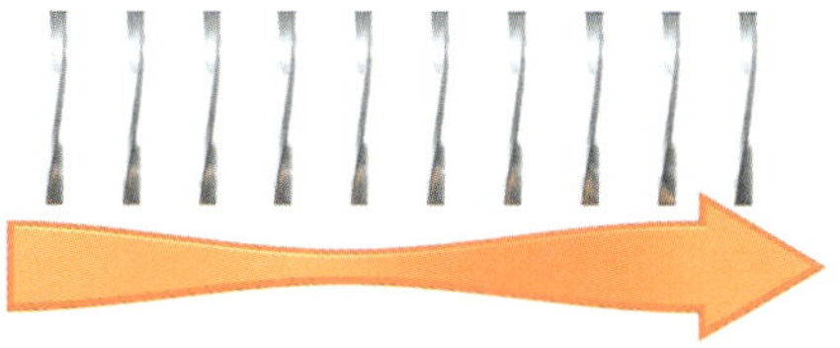

Name:	Klasse:	Datum:

S. 372-407

Kreuzworträtsel

1. Zeit zum Einrichten der Maschine
2. Zeit während der Bearbeitung, bei der das Werkzeug nicht im Einsatz ist
3. Zeit während der das Werkzeug im Eingriff ist
4. Verbessern
5. Produkt von Spanungsquerschnitt und spezifischer Schnittkraft
6. Verhältnis von abgegebener zu zugeführter Leistung
7. Produkt von Schnittkraft und Schnittgeschwindigkeit
8. Bearbeitung ohne Kühlschmiermittel
9. Zeit, die eine Werkzeugschneide im Einsatz ist, bis sie aufgrund des aufgetretenen Verschleißes gewechselt werden muss
10. Verschleißursache
11. Verschleißform
12. Verschleißerscheinung an der Spanfläche
13. Entsteht durch Verschweißen von Spanpartikeln auf der Spanfläche
14. Verschleißkriterium an der Freifläche
15. Physikalische Größe zur Werkzeugüberwachung
16. Prozessparameter, der den Verschleiß am meisten beeinflusst
17. Glühverfahren zum Abbau von Spannungen
18. Glühverfahren zur Beseitigung von grobkörnigem und unregelmäßigem Gefüge
19. Gefüge nach dem Härten
20. Verfahren zum Abbau von Spannungen nach dem Härten
21. Härten und Anlassen bei höheren Temperaturen
22. Verfahren zum Randschichthärten
23. Standardbauform für CNC-Drehmaschinen
24. Fräsmaschine, deren Tisch auf dem Maschinenbett gelagert ist
25. Abkürzung für Fräsverfahren zum Erreichen maximaler Zeitspanvolumen
26. Zirkularprozess beim Fräsen

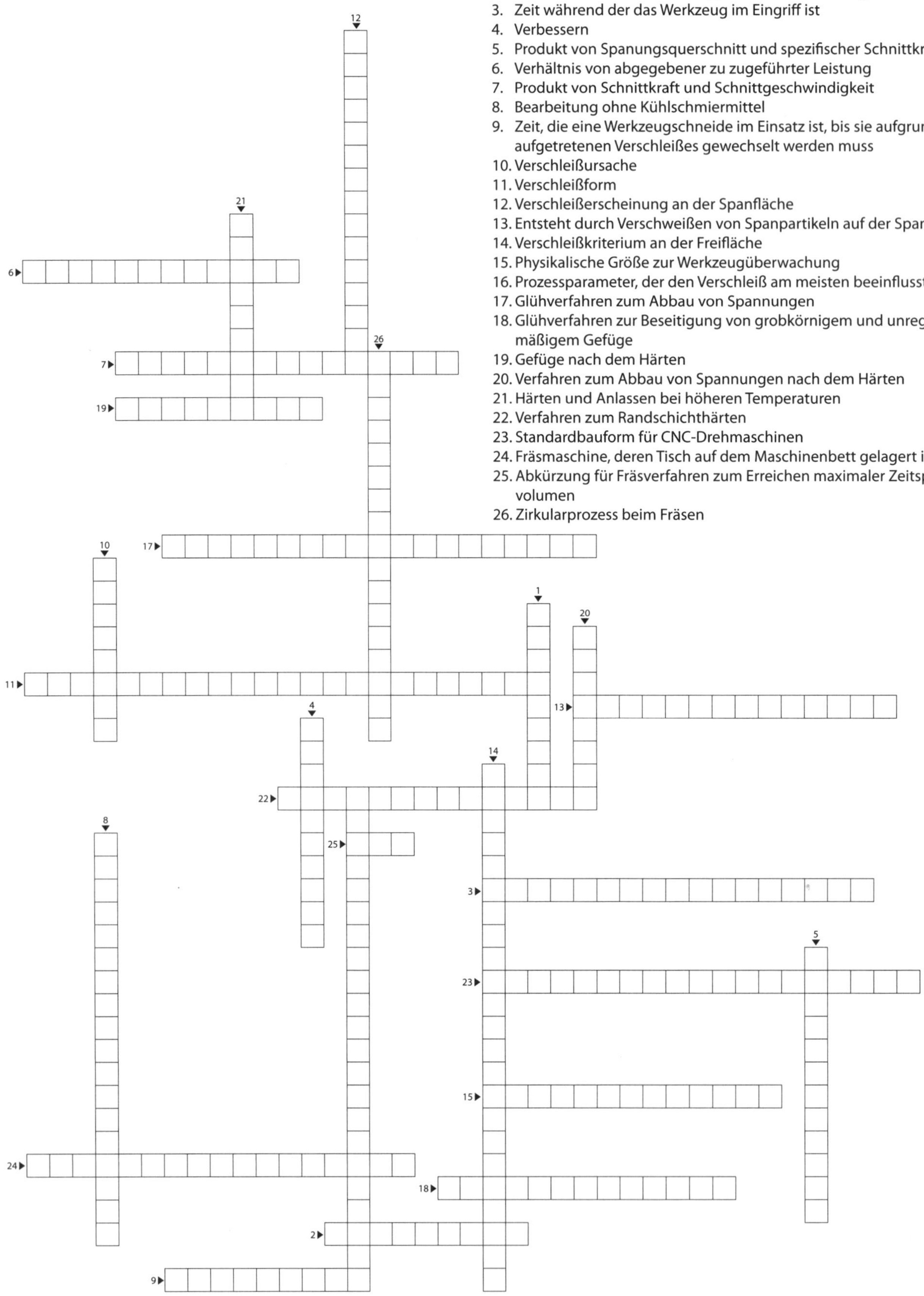

Hinweis: Umlaute in Vokalschreibweise verwenden

Name:	Klasse:	Datum:

Produktlebenszyklus

1. Welche Bedeutung hat der Rechnereinsatz in den verschiedenen Lebenszyklusphasen eines Bearbeitungszentrums?

2. Ordnen Sie die im Bild dargestellten Bereiche des Lebenszyklus den folgenden Phasen zu.

Produktentstehung:

Produktnutzung:

Produktentsorgung:

Rechnergestützte Anwendungen während der Produktentstehung

1. Erläutern Sie mithilfe des Fachbuchs die nebenstehende Grafik.

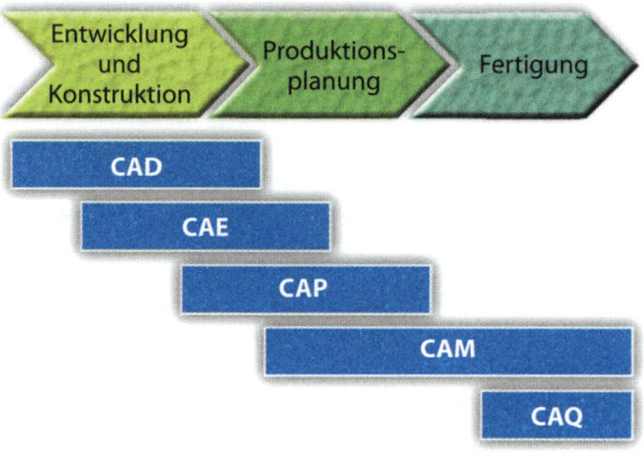

Name:	Klasse:	Datum:

S. 413–419

CAD

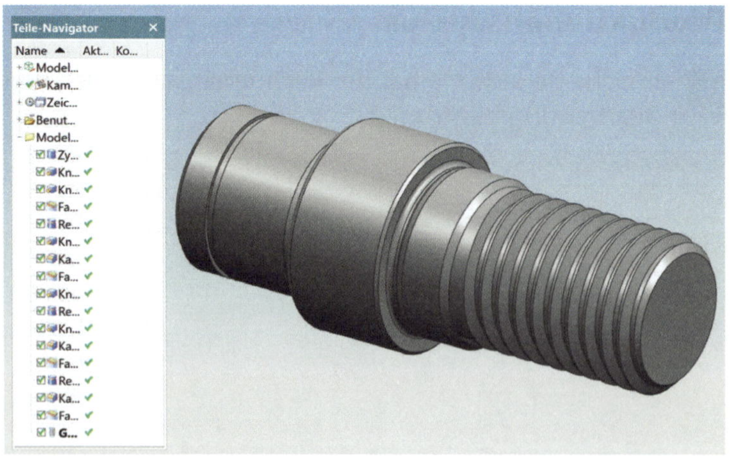

2. Wofür steht der Begriff **CAD** und was bedeutet er?

3. Warum ist es so wichtig, dass das CAD-Modell in seinen Formen, Abmessungen und Toleranzen exakt dem späteren Bauteil entspricht?

CAE

4. Wofür steht der Begriff **CAE** und was bedeutet er?

5. Nennen Sie drei Beispiele für Anwendungen im CAE-Bereich.

CAP

6. Wofür steht der Begriff **CAP** und was bedeutet er?

7. Führen Sie drei Beispiele an, bei denen rechnergestützte CAP-Anwendungen durchgeführt werden.

Merke

Das Ziel von CAP besteht darin, Produktdurchlaufzeiten zu minimieren sowie Planungszeiten und -kosten durch die ______________________________ zu reduzieren.

Name:	Klasse:	Datum:

S. 413–419

CAM

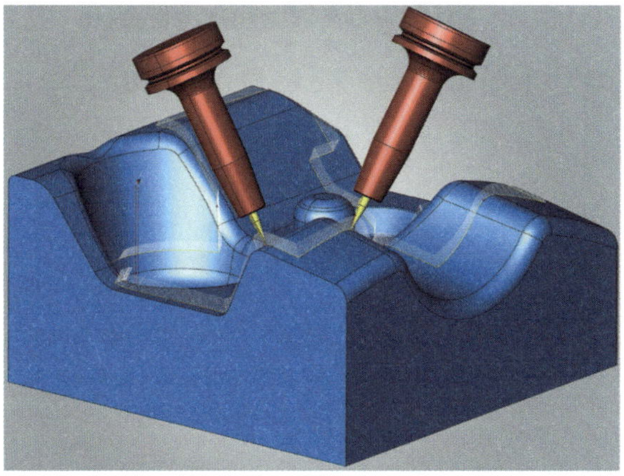

8. Wofür steht der Begriff **CAM** und was bedeutet er?

9. Beschreiben Sie stichpunktartig die Werkstückfertigung mithilfe der CAM-Software.

CAQ

10. Wofür steht der Begriff **CAQ** und was bedeutet er?

11. Welche Aufgaben übernehmen CAQ-Systeme und wozu dienen die erfassten Daten?

Produktdatenmanagement

1. Welche Aufgaben übernimmt das **Produktdatenmanagement** (PDM)?

2. Warum handelt es sich bei PDM-Systemen um *Integrationsplattformen*?

Name:	Klasse:	Datum:

Product Lifecycle Management (PLM)

1. Unterscheiden Sie **PLM** und **PDM**.

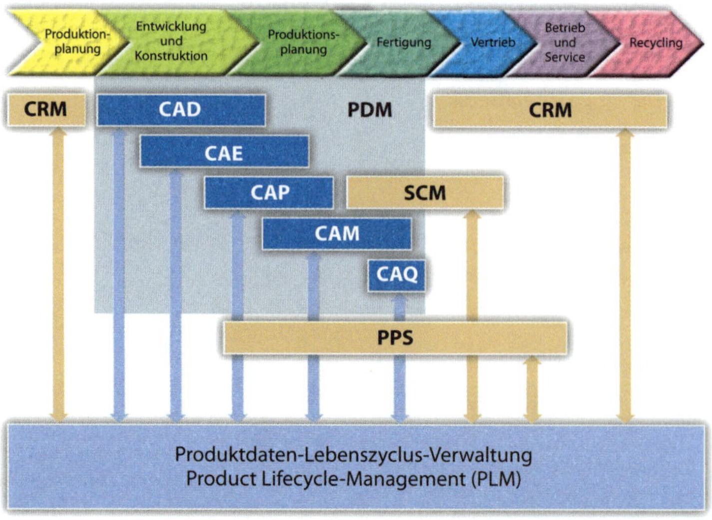

CRM

2. Wofür steht der Begriff **CRM**, was bedeutet er und welche Ziele werden damit angestrebt?

PPS

3. Wofür steht der Begriff **PPS**, was bedeutet er und welche Ziele werden damit angestrebt??

4. Nennen Sie die wesentlichen Aufgaben von PPS-Systemen.

5. Erläutern Sie die Aufgaben des PPS-Systems am Beispiel der Kapazitätsplanung.

Name:	Klasse:	Datum:

S. 420–442

Ziele und Voraussetzungen

1. Vergleichen Sie die **Fließfertigung** mit der **Komplettbearbeitung** anhand des dargestellten Werkstücks.

2. Welche Anforderungen sind an das **Drehzentrum** zu stellen, auf dem das Werkstück gefertigt wird?

3. Die nebenstehenden Bilder zeigen einen Schnitt durch eine **Werkzeugaufnahme** für angetriebene Werkzeuge und Möglichkeiten der Werkzeugaufnahme. Wie erfolgt der Antrieb des Fräsers?

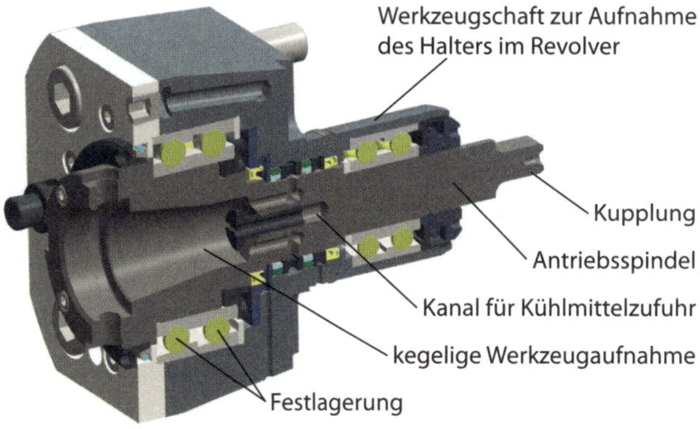

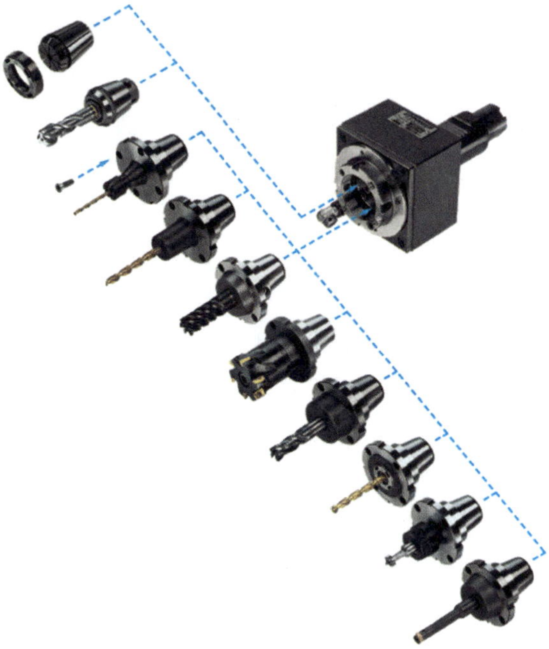

4. Nennen Sie fünf Vorteile der Komplettbearbeitung gegenüber der Fließfertigung.

Name:	Klasse:	Datum:

S. 420–442

Drehen mit einer Arbeitsspindel und drei gesteuerten Achsen

1. Bezeichnen Sie die Achsen der Drehmaschine in dem dargestellten Bild.

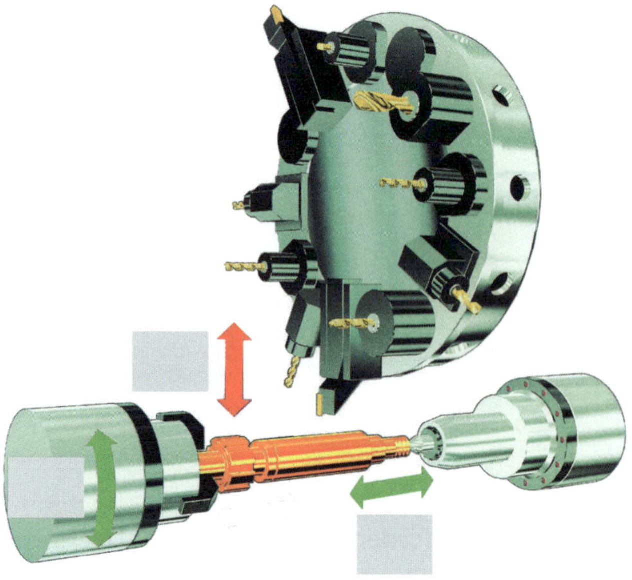

2. Kreuzen Sie in der folgenden Tabelle an, in welchen Achsen die Positionierung und die Zerspanung erfolgen.

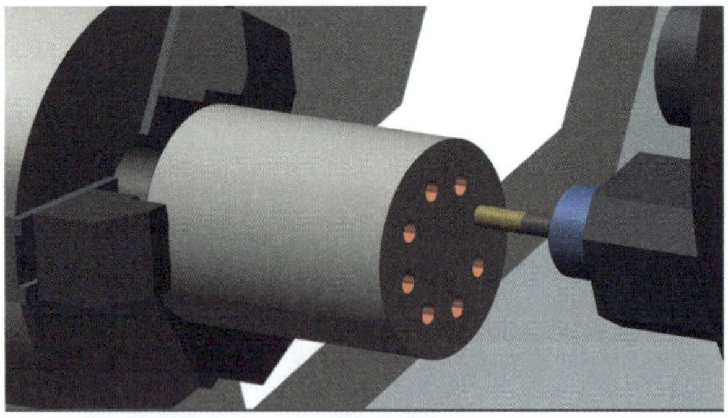	Positionierung in: ☐ X ☐ Z ☐ C Zerspanung in: ☐ X ☐ Z ☐ C
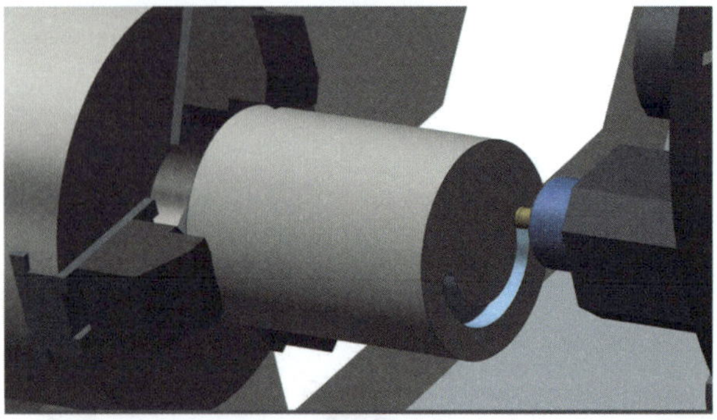	Positionierung in: ☐ X ☐ Z ☐ C 1. Zerspanung in: ☐ X ☐ Z ☐ C 2. Zerspanung in: ☐ X ☐ Z ☐ C
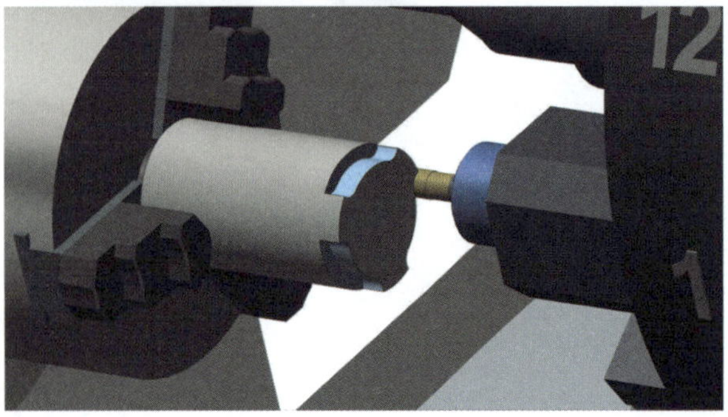	Positionierung in: ☐ X ☐ Z ☐ C 1. Zerspanung in: ☐ X ☐ Z ☐ C 2. Zerspanung in: ☐ X ☐ Z ☐ C 3. Zerspanung in: ☐ X ☐ Z ☐ C

Name:	Klasse:	Datum:

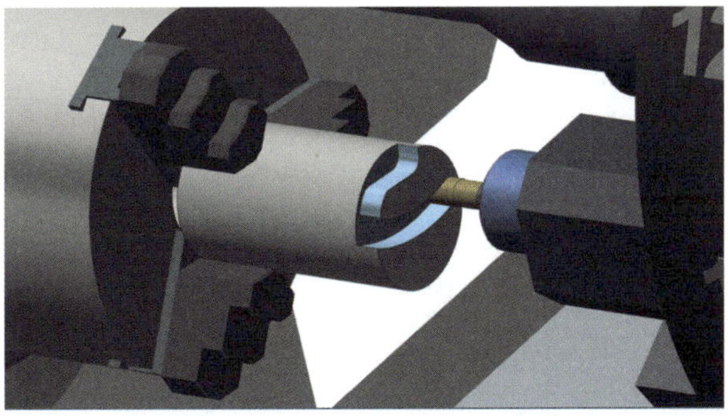

Positionierung in: ☐ X ☐ Z ☐ C
1. Zerspanung in: ☐ X ☐ Z ☐ C
2. Zerspanung in: ☐ X ☐ Z ☐ C
3. Zerspanung in: ☐ X ☐ Z ☐ C
4. Zerspanung in: ☐ X ☐ Z ☐ C

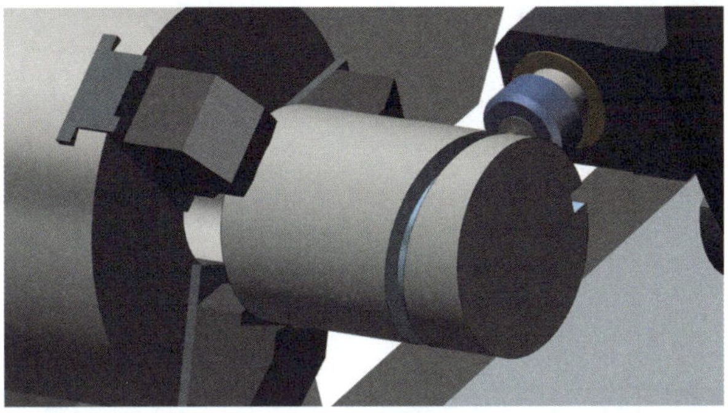

Positionierung in: ☐ X ☐ Z ☐ C
1. Zerspanung in: ☐ X ☐ Z ☐ C
2. Zerspanung in: ☐ X ☐ Z ☐ C

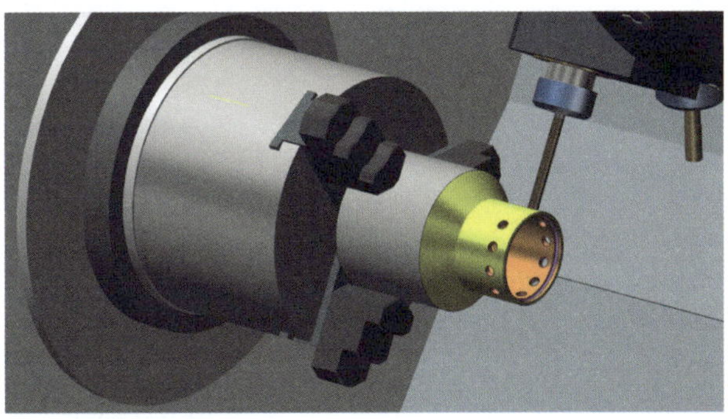

Positionierung in: ☐ X ☐ Z ☐ C
Zerspanung in: ☐ X ☐ Z ☐ C

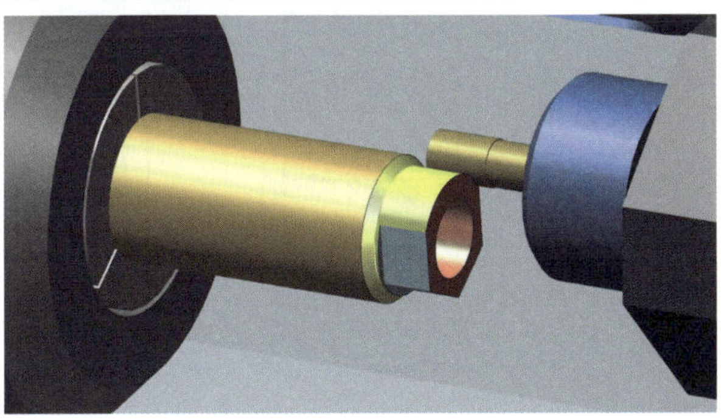

Positionierung in: ☐ X ☐ Z ☐ C
1. Zerspanung in: ☐ X ☐ Z ☐ C
2. Zerspanung in: ☐ X ☐ Z ☐ C
3. Zerspanung in: ☐ X ☐ Z ☐ C
4. Zerspanung in: ☐ X ☐ Z ☐ C

Name:	Klasse:	Datum:

Arbeitsplanung

Für das dargestellte Kupplungsstück sind zehn Stück aus 34CrMo4 auf einer CNC-Drehmaschine mit drei gesteuerten Achsen herzustellen. Die zur Verfügung stehenden Rohlinge haben einen Durchmesser von 55 mm und eine Länge von 36 mm.

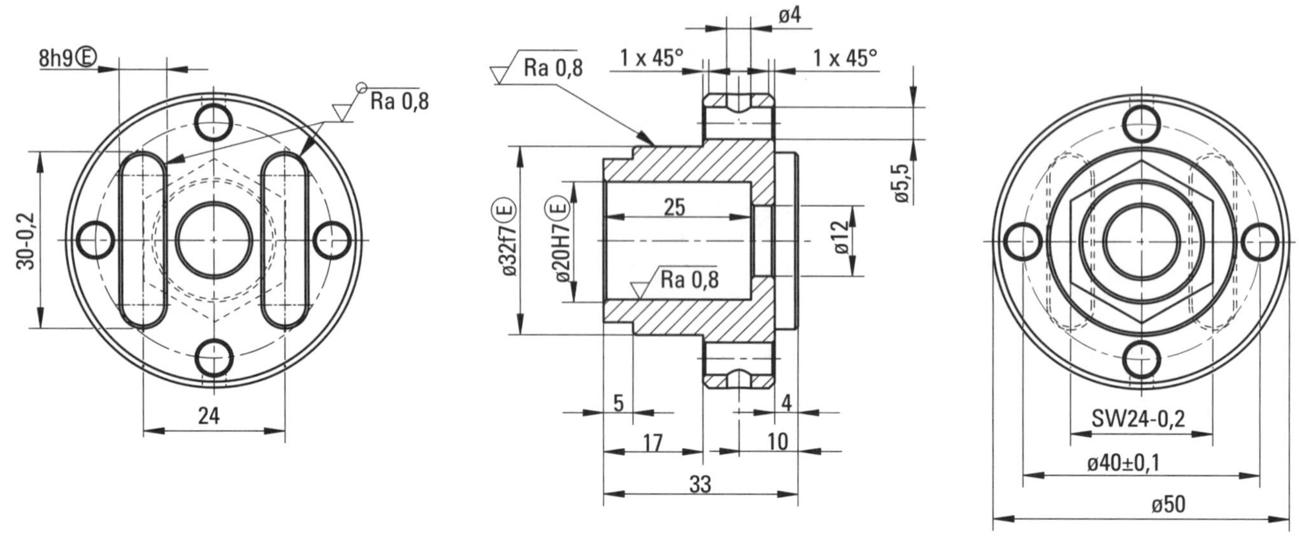

alle nicht bemaßten Fasen 0,5 x 45°
Allgemeintoleranzen nach DIN ISO 2768-mK-E

Ra 3,2 (Ra 0,8)

Die folgenden Werkzeuge werden in der aufgeführten Reihenfolge eingesetzt:

Erste Aufspannung:
- T1 Linker Eckdrehmeißel κ = 95°, ε = 80°, P25
- T2 Linker Eckdrehmeißel κ =107,5°, ε = 55°, P25
- T3 VHM-Fräser G17, Ø14, z = 3
- T4 VHM-Entgrater G17, Ø12, 90°, z = 4
- T6 HSS-NC-Anbohrer G17, Ø16, 90°
- T8 VHM-Bohrer G17, Ø12
- T9 HSS-NC-Anbohrer G17 Ø8, 90°
- T5 VHM-Bohrer G17, Ø5,5
- T7 HSS-NC-Anbohrer G19 Ø8, 90°
- T10 VHM-Bohrer G19, Ø4

Zweite Aufspannung:
- T1 Linker Eckdrehmeißel κ = 95°, ε = 80°, P25
- T2 Linker Eckdrehmeißel κ = 107,5°, ε = 55°, P25
- T9 HSS-NC-Anbohrer G17 Ø8, 90°
- T3 VHM-Fräser G17, Ø14, z = 3
- T11 Bohrstange κ = 95°, ε = 80°, P25

1. Aufspannung	2. Aufspannung
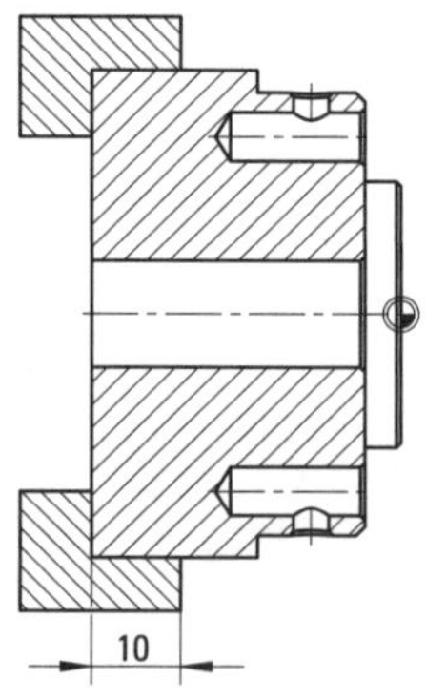	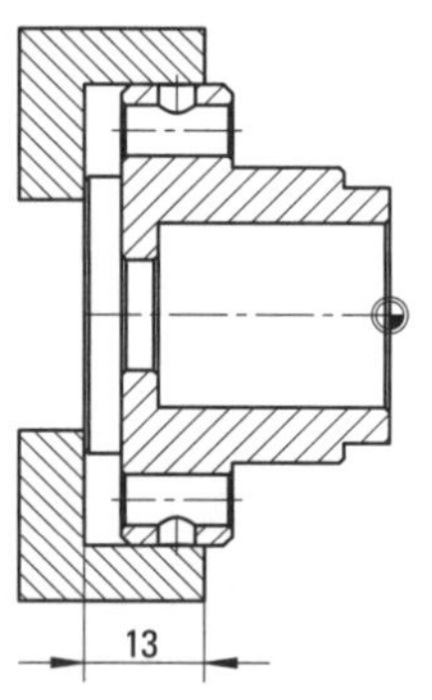
Dreibacken-futter mit ________ Backen	Dreibacken-futter mit ________ Backen

Die Schnittgeschwindigkeiten sollen für die VHM-Fräser 120 m/min, für die VHM-Bohrer 80 m/min, und für die HSS-Werkzeuge 25 m/min betragen. Beim Schruppdrehen sollen 200 m/min und beim Schlichtdrehen 250 m/min programmiert werden.

Name:	Klasse:	Datum:

Programmierung

3. Ergänzen Sie in dem folgenden CNC-Programm für das Kupplungsstück die fehlenden Daten.

CNC-Satz	Erklärung
; SCHRUPPEN DER KONTUR	
N20 G18	Aktivierung der ____ -Ebene
N30 G54	Nullpunktverschiebung auf Stirnfläche
N40 G90 G ____ S5000	Absolute Maßangabe, Drehzahlbegrenzung
N50 G ____ H1	Anfahren des Werkzeugwechselpunkts
N60 T1 TC1 G ____ G ____ S ____ F0.3 E0.1 M ____ M7	T1 einwechseln, konstante Schnittgeschwindigkeit, Vorschub in mm, Spindel im Gegenuhrzeigersinn
N70 G ____ Z0 X60	Positionierung im Eilgang
N80 G1 X ____	Querplandrehen der Stirnfläche
N90 G0 X56 Z2	Positionierung
N100 G ____ D6 H2 AZ0.1 ____	Längsschruppzyklus, 0,5 mm Aufmaß in X
N110 G0 X44	Kontur anfahren
N120 G1 Z-3.95	0,05 mm Aufmaß für das Fräsen
N130 X50 RN-1	1x45° Fase
N140 Z-18	Längsrunddrehen
N150 X60	Abfahren vom Drehteil
N160 ____	Ende des Längsschruppzyklus
N170 G14 H1	
;SCHLICHTEN DER KONTUR	
N200 T2 TC1 S ____ F0.15	Einwechseln von T2
N210 ____	Anwahl der
N220 G0 Z2 X44	Positionierung
N230 G23 N ____ N ____	Programmteilwiederholung
N240 ____	Abwahl der
N250 G14 H1	Anfahren des Werkzeugwechselpunkts

Name:	Klasse:	Datum:

S. 440–442

;FRÄSEN DER STIRNFLÄCHE	
N280	Aktivierung der
N290 G S2700 G F650 M TC1	T3 einwechseln, konstante Drehzahl, Vorschub in mm/min, Spindel im Uhrzeigersinn
N300 G0 X0 Y40 Z2	Positionierung
N310 G0 Z-4	Zustellung in der Z-Achse
N320	Fräserradiuskorrektur
N330 G1 X-8.009	Anfahren der Kontur
N340 Y-10.95	Konturbeschreibung
N350 G2 X-15.991 Y-10.95 IA-12 JA-10.95	Konturbeschreibung
N360 G1 Y10.95	Konturbeschreibung
N370 G2 X-8.009 Y10.95 IA-12 JA10.95	Konturbeschreibung
N380 G3 X8.009 Y10.95 IA0 JA10.95	An- und Abfahrradius
N390 G2 X15.991 Y IA12 JA	Konturbeschreibung
N400 G1 Y	Konturbeschreibung
N410 G2 X Y IA12 JA	Konturbeschreibung
N420 G1 Y40	Abfahren von der Kontur
N430	Abwahl der Fräserradiuskorrektur
N440 G14 H2	Anfahren des Werkzeugwechselpunkts
;FASEN DER FRÄSKONTUR	
N470 S3200 F1200 M3 T4 TC01	T3 einwechseln
N480 G0 X0 Y40 Z2	Positionieren
N490 G0 Z-0.5	Zustellen
N500 G23 N N	Programmteilwiederholung
N510 G14 H2	

Name:	Klasse:	Datum:

;ZENTRIEREN FÜR Ø12	
N540	Aktivierung derZ-X-Ebene
N550 G G T6 TC1 S F0.1 M3	T6 einwechseln, konstante Drehzahl, Vorschub in mm, Spindel im Uhrzeigersinn
N560 G0 X Z	Positionieren im Eilgang
N570 G1 Z-10.5	Zentrieren
N580 G0 Z	Rückzug
N590 G14 H2	Anfahren des Werkzeugwechselpunkts
;BOHREN Ø12	
N620 T8 S F M3	T6 einwechseln
N630 G0 X0 Z2	
N640 G84 ZI D10 V2 DR1	Bohrzyklus
N650 G14 H2	Anfahren des Werkzeugwechselpunkts
; ZENTRIEREN BOHUNGEN Ø5,5	
N680	Aktivierung der X-Y-Ebene
N690 G97 S G94 F0.15 M3 T9 TC01	T9 einwechseln, konstante Drehzahl, Vorschub in mm, Spindel im Uhrzeigersinn
N700 G0 C0	Spindelorientierung auf C0
N710 G81 ZI V12	Bohrzyklus
N720 G77 R AN0 AI O4 IA0 JA0 ZA	Lochkreiszyklus
N730 G14 H2	
;BOHREN Ø5,5	
N760 S F340 M3 T5 TC01	T5 einwechseln
N770 G0	Spindelorientierung auf C0
N780 G82 ZI D6 V12	Bohrzyklus
N790 G R20 AN AI90 O IA0 JA0 ZA-4 W30	Lochkreiszyklus
N800 G14 H2	Anfahren des Werkzeugwechselpunkts

Name:	Klasse:	Datum:

S. 420–442

;ZENTRIEREN BOHRUNGEN Ø4	
N840 G Y C90	Aktivierung der Y-Z-Ebene, Spindelorientierung auf C90
N850 T7 M3 S1600 F0.1	T7 einwechseln
N860 G81 XI-3 V2	Bohrzyklus
N870 G79 ZA XA	Zyklusaufruf
N880 G19 Y C	Aktivierung der Y-Z-Ebene, Spindelorientierung auf C270
N890 G79 ZA-10 XA25	Zyklusaufruf
N900 G14 H1	Anfahren des Werkzeugwechselpunkts
;BOHRUNGEN Ø4	
N950 G19 Y C90	Aktivierung der Y-Z-Ebene, Spindelorientierung auf C90
N960 T10 M3 S F0.06	T10 einwechseln
N970 G81 XI-7 V2	
N980 G79 ZA-10 XA25	
N990 G19 Y C270	Aktivierung der Y-Z-Ebene, Spindelorientierung auf C270
N1000 G79 ZA-10 XA25	Zyklusaufruf
N1010 G14 H1 M9	Anfahren des Werkzeugwechselpunkts
;UMSPANNEN	
N1040 G30 Q1 DE13 M64	13 mm Einspanntiefe im Futter
N1050 G59 ZA-4.5	Nullpunktverschiebung auf Stirnfläche
;SCHRUPPEN DER KONTUR	
N1080 G18	
N1090 G96 G95 T1 S200 F0.3 E0.1 M4 M7	T1 einwechseln, konstante Schnittgeschwindigkeit, Vorschub in mm, Spindel im Gegenuhrzeigersinn
N1100 G0 Z0 X60	Positionierung im Eilgang
N1110 G1 X-1.6	Querplandrehen der Stirnfläche
N1120 G0 X56 Z2	Positionierung
N1130 G81 D4 H2 AZ AX0.5	Längsschruppzyklus, 0,1 mm Aufmaß in Z

Name:	Klasse:	Datum:

S. 420-442

N1140 G0 X27.7	Positionierung auf Eckmaßdurchmesser
N1150 G1 Z-5	Konturbeschreibung
N1160 X32 RN	Konturbeschreibung
N1170 Z	Konturbeschreibung
N1180 G1 RN-1	Konturbeschreibung
N1190 Z-18	Konturbeschreibung
N1200 G80	Ende des Längsschruppzyklus
N1210 G14 H1	Anfahren des Werkzeugwechselpunkts
;SCHLICHTEN DER KONTUR	
N1240 G96 G95 T2 S250 F0.15	Einwechseln von T2
N1250 G0 X30 Z2	Positionierung
N1260 G Z2 X27.7	Anwahl der Schneidenradiuskorrektur
N1270 G23 N N	Programmteilwiederholung
N1280 G40	Abwahl der Schneidenradiuskorrektur
N1290 G14 H1	Anfahren des Werkzeugwechselpunkts
;ENTGRATEN BOHRUNGEN Ø5,5	
N1330 G17	
N1340 G97 S1200 G94 F0.15 M3 T9 TC1	T9 einwechseln, konstante Drehzahl, Vorschub in mm, Spindel im Uhrzeigersinn
N1350 G0 C0	
N1360 G81 ZI-3.5 V25	Bohrzyklus
N1370 G77 R20 AN0 AI90 O4 IA0 JA0 ZA-17	
N1380 G14 H2	Anfahren des Werkzeugwechselpunkts
;FRÄSEN DES SECHSKANTS	
N1420 G97 S2700 G94 F650 M3 T3 TC1	T3 einwechseln, konstante Drehzahl, Vorschub in mm/min, Spindel im Uhrzeigersinn
N1430 G0 X-30 Y-30 Z-5	Positionierung
N1440 G45 G41 D8 XA-11.95 Y-12	Fräserradiuskorrektur links der Kontur

Name:	Klasse:	Datum:

N1450 G11 RP13.799 AP150 IA0 JA0	Konturbeschreibung
N1460 G RP13.799 AP IA0 JA0	Konturbeschreibung
N1470 G11 RP AP30 IA0 JA0	Konturbeschreibung
N1480 G11 RP13.799 AP IA0 JA0	Konturbeschreibung
N1490 G11 RP13.799 AP IA0 JA0	Konturbeschreibung
N1500 G11 RP13.799 AP IA0 JA0	Konturbeschreibung
N1510 G46 G40 D10	Abwahl der Fräserradiuskorrektur
N1520 G14 H1	Anfahren des Werkzeugwechselpunkts
;INNENKONTUR SCHRUPPEN	
N1550 G18	
N1560 G96 G95 T11 S F0.15 E0.1 M4 M9	T11 einwechseln, konstante Schnittgeschwindigkeit, Vorschub in mm, Spindel im Gegenuhrzeigersinn
N1570 G0 X12 Z2	Positionierung im Eilgang
N1580 G81 D2 AZ0.1 AX	Längsschruppzyklus, 0,2 mm Aufmaß in X
N1590 G0 Z2 X20.01	Anfahren der Kontur
N1600 G1 Z-25	Konturbeschreibung
N1610 G80	Ende des Längsschruppzyklus
;INNENKONTUR SCHLICHTEN	
N1640 G41	Anwahl der Schneidenradiuskorrektur
N1650 G0 X24 Z1.5 S250 F0.1	Positionierung
N1660 G1 X20.01 Z-0.5	Konturbeschreibung
N1670 Z	Konturbeschreibung
N1680 X13	Konturbeschreibung
N1690 X11 Z	Konturbeschreibung
N1700 G40	Ende der Schneidenradiuskorrektur
N1710 G0 Z2	Rückzug
N1720 G14 H2	Anfahren des Werkzeugwechselpunkts
N1730 M30	Programmende

Name:	Klasse:	Datum:

Drehen mit einer Arbeitsspindel und vier gesteuerten Achsen

1. Bezeichnen Sie die Achsen der Drehmaschine in dem dargestellten Bild.

2. Welche Bearbeitungsoperationen erfordern bei dem unten dargestellten Werkstück eine vierte gesteuerte Achse?

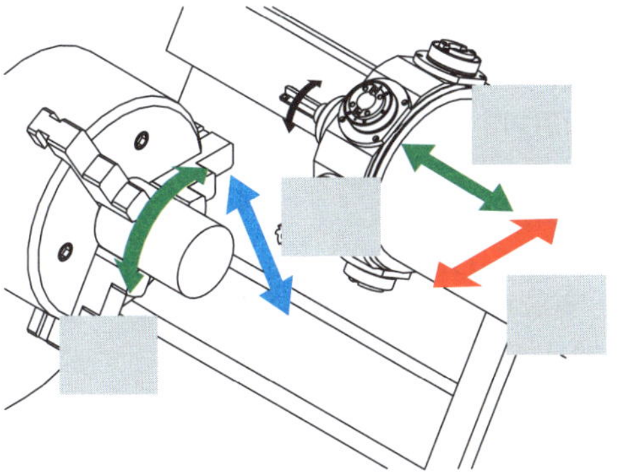

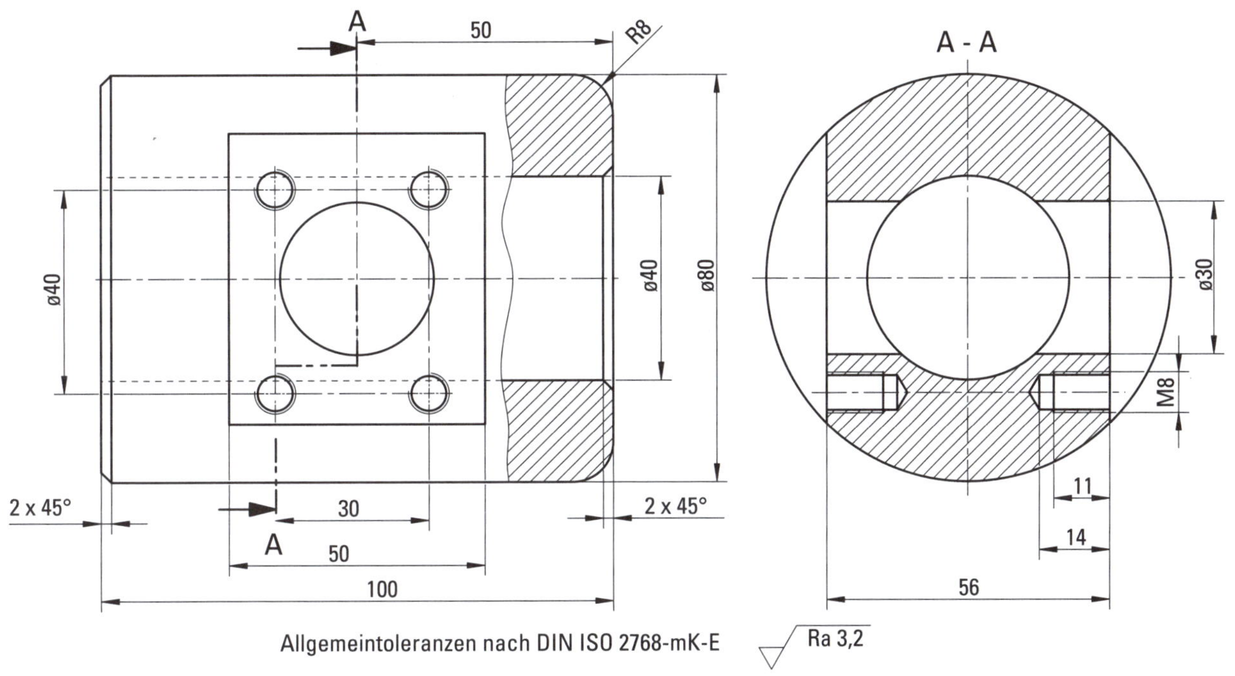

Von dem dargestellten Verteiler aus 25CrMo4 sind acht Stück von einer Rohrstange von 80 mm Außen- und 35 mm Innendurchmesser zu drehen und zu fräsen. Dazu steht eine Drehmaschine mit vier gesteuerten Achsen zur Verfügung.
Folgende Werkzeuge werden in der aufgeführten Reihenfolge genutzt.

- T1 Linker Eckdrehmeißel $\kappa = 95°$, $\varepsilon = 80°$, P25
- T2 Linker Eckdrehmeißel $\kappa = 107{,}5°$, $\varepsilon = 55°$, P25
- T3 Bohrstange $\kappa = 95°$, $\varepsilon = 80°$, P25
- T4 VHM-Fräser G19, Ø14, $z = 3$
- T5 HSS-NC-Anbohrer G19, Ø14, 90°
- T8 VHM-Bohrer G19, Ø6,6
- T7 HSS-Gewindebohrer G19 M8
- T8 Abstechdrehmeißel Typ N, $b = 2{,}2$

Name:	Klasse:	Datum:

3. Tragen Sie in das CNC-Programm die Bearbeitungsoperationen als Kommentare ein.

```
N10 G18
N20 G54
N30 G90 G92 S5000
N40 G14 H1
N50 T1 TC1 G96 G95 S200 F0.3 E0.1 M4 M7
N60 G0 Z0 X90
N70 G1 X-1.6
N80 G0 X60 Z2
N90 G81 D6 H2 AZ0.1 AX0.5
N100 G1 Z0
N110 X80 RN8
N120 Z-103
N130 X90
N140 G80
N150 G14 H1

N170 T2 TC1 S250 F0.15 E0.1
N180 G0 X60 Z2
N190 G42
N200 G23 N100 N130
N210 G40
N220 G14 H1

N240 T3 TC1 S200 F0.2 E0.1
N250 G0 X35 Z2
N260 G81 D3 AZ0.1 AX-0.5
N270 G0 X40
N280 G1 Z-104
N290 G80

N310 G0 X38 Z2 S250 F0.15
N320 G41
N330 G1 X48 Z2
N340 X40 Z-2
N350 Z-104
N360 X38
N370 G40
N380 G0 Z2
N390 G14 H1
```

4. Ergänzen Sie in dem folgenden CNC-Programm für den Verteiler die fehlenden Daten.

CNC-Satz	Erklärung
;RECHTECK- UND KREISTASCHE	
N4210 G19 Y C0	Aktivierung der , Spindelorientierung auf C0
N430 T4 TC1 S3400 F600 M3	T4 einwechseln, konstante Drehzahl, Vorschub in mm/min, Spindel im Uhrzeigersinn
N440 G0 X45 Z	Positionierung im Eilgang auf Taschenmitte
N450 LP60 BP50 D6 V2	Rechtecktasche mit 12 mm Tiefe
N460 G79 X Y0 Z	Zyklusaufruf bei 80 mm Durchmesser
N470 G73 XI R15 D6 V12	
N480 G79 Y0 Z-50	Zyklusaufruf
N490 G19 Y C180	Spindelorientierung auf C180
N500 G23 N450 N	Programmteilwiederholung
N510 G0 X50 Z-50	Rückzug im Eilgang
N520 G14 H0	Anfahren des Werkzeugwechselpunkts

Name:	Klasse:	Datum:

S. 413-419

;4 Zentrierungen *d* = 10	
N540 G19 Y C0	
N550 T5 TC1 S800 F0.1 M3	T5 einwechseln
N560 G0 X50 Y0 Z-50	Positionierung im Eilgang
N570 G81 ___ V15	___, Tiefe 5 mm
N580 G79 X ___ Y20 Z-35	1. Zyklusaufruf
N590 G79 X28 Y20 Z ___	2. Zyklusaufruf
N600 G79 X28 Y ___ Z-65	3. Zyklusaufruf
N610 G79 X28 Y-20 Z ___	4. Zyklusaufruf
N620 G0 X50 Y0 Z-50	Rückzug im Eilgang
N630 G19 Y C180	Spindelorientierung auf C180
N640 G23 N580 N ___	Programmteilwiederholung
N650 G0 X50 Z-50	Rückzug im Eilgang
N660 G14 H0	Anfahren des Werkzeugwechselpunkts
;4 Bohrungen *d* = 6,5	
N680 G19 Y C0	Spindelorientierung auf C0
N690 T6 TC1 S3800 F0.1 M3	T6 einwechseln, Vorschub in mm
N700 G0 X50 Y0 Z-50	Positionierung im Eilgang
N710 G81 ___ V2	Bohrzyklus, 16 mm Tiefe
N720 G23 N ___ N660	Programmteilwiederholung
;Gewindesbohren M8	
N730 G19 Y C0	Spindelorientierung auf C0
N740 T7 TC1 S400 M3	T7 einwechseln
N750 G0 X50 Y0 Z-50	Positionierung im Eilgang
N760 ___ XI-12 ___ M3 V2	Gewindebohrzyklus
N770 G23 N580 N ___	Programmteilwiederholung

Name:	Klasse:	Datum:

S. 420–442

; Abstechen	
N780 G	Aktivierung der -Ebene
N790 T8 TC1 G96 G95 S150 F0.1 M4 M7	T8 einwechseln, konstante Schnittgeschwindigkeit, Vorschub in mm, Spindel im Gegenuhrzeigersinn
N800 G0 X86 Z-100.1	Positionierung im Eilgang
N810 G1 X70	Einstechen auf X70 mit Aufmaß in Z
N820 G0 X82	Rückzug
N830 G0 Z-98	Positionierung
N840 G1 X76 Z-100	Fase 2x45°
N850 X39	Abstechen
N860 G14 H0	Anfahren des Werkzeugwechselpunkts
N860 M30	Programmende

Gegenspindeldrehmaschine mit einem Werkzeugrevolver

Im nebenstehenden Bild ist der Aufbau einer Drehmaschine mit **zwei** Arbeitsspindeln und drei Linearachsen.

1. Welche Vorteile hat dieser Maschinentyp gegenüber der Alternative mit einer Arbeitsspindel?

2. Welche Art von Werkzeugrevolver werden bei Gegenspindeldrehmaschinen eingesetzt und welchen Anforderungen müssen sie genügen?

Merke

Gegenspindeldrehmaschinen mit einem Werkzeugrevolver ermöglichen eine Komplettbearbeitung an allen Seiten des Werkstücks. Nachteilig ist, dass die Zerspanung immer nur an __________ Spindel erfolgt.

Name:	Klasse:	Datum:

S. 420-442

Gegenspindeldrehmaschine mit mehreren Werkzeugrevolvern

1. Das rechte Bild zeigt den schematischen Aufbau einer Gegenspindeldrehmaschine mit **drei Werkzeugrevolvern**. An welchen Spindeln können die Revolver spanen?

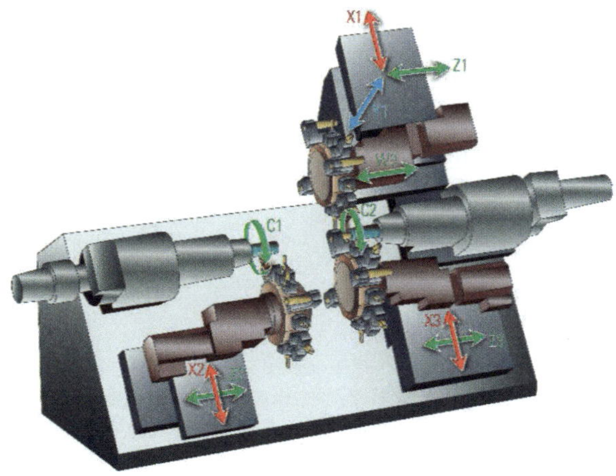

2. Was wird unter **Simultanbearbeitung** verstanden und welche Voraussetzungen sind dafür nötig?

Drehfräszentrum mit B-Achse

Das nebenstehende Bild zeigt die schematische Darstellung eines **Drehfräszentrums** mit Haupt- und Gegenspindel, zwei Werkzeugrevolvern und einer Fräseinheit mit gesteuerter B-Achse

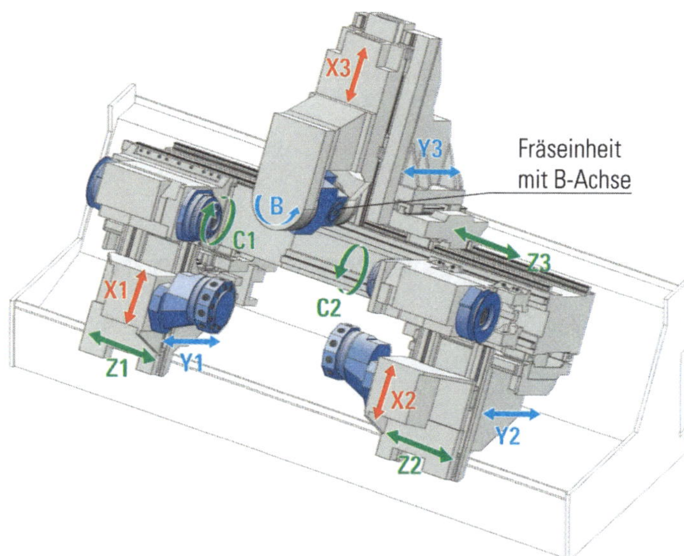

1. Nennen Sie zwei Anwendungsbeispiele, für die die **B-Achse** erforderlich ist.

2. Welche Vorteile hat die B-Achse beim Drehen?

Name:	Klasse:	Datum:

5-Achs-Fräsen

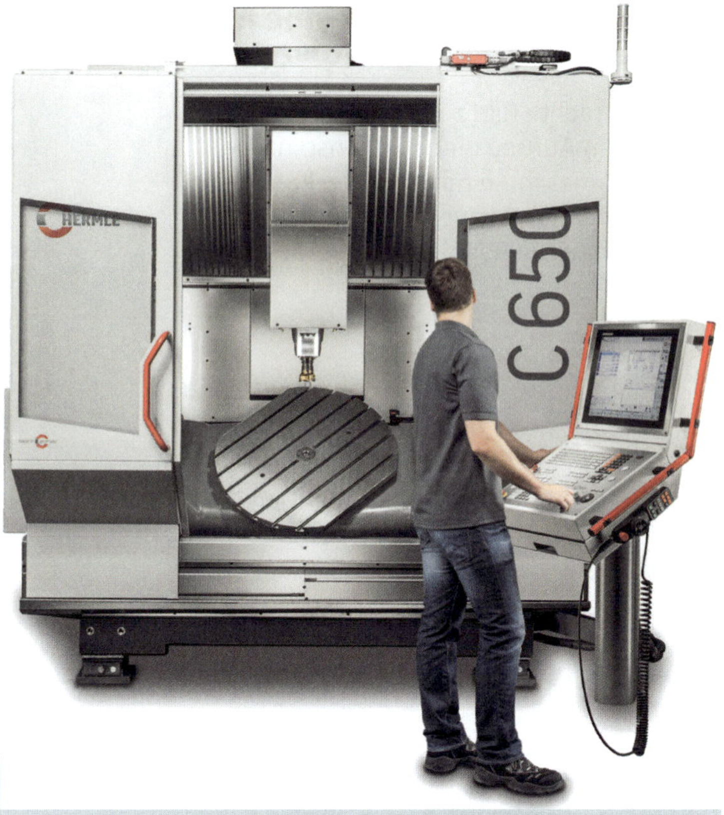

1. Beschreiben Sie den wesentlichen Vorteil, den **5-Achs-** gegenüber **3-Achs-Fräsmaschinen** besitzen.

2. Tragen Sie in das nebenstehende Bild die **Linearachsen** X in Rot, Y in Blau, Z in Grün und die **Drehachsen** A in Rot und C in Grün als Pfeile ein.

3. Nennen Sie zwei prinzipielle **Frässtrategien** beim 5-Achs-Fräsen und beschreiben Sie diese.

Fräsen mit angestellten Werkzeugen im Positionierbetrieb

1. Führen Sie sechs Vorteile auf, die das **3+2-Achs-Fräsen** gegenüber dem 3-Achs-Fräsen hat.

Merke

Beim **3+2-Achs-Fräsen** wird das Werkstück bzw. das Werkzeug über die Drehachsen in eine günstige Bearbeitungsposition ________________. Anschließend erfolgt bei dieser Anstellung die Zerspanung.

Name:	Klasse:	Datum:

Spannsysteme für das 5-Achs-Fräsen

1. Was ist beim Spannen des Werkstücks mit dem **Schraubstock** für eine 5-Seiten-Bearbeitung zu beachten?

2. Welche Vorteile ergeben sich durch den Einsatz von **5-Achs-Spannern** bei der 5-Seiten-Bearbeitung?

3. Nennen Sie die drei wesentlichen Vorteile von **Nullpunktspannsystemen**.

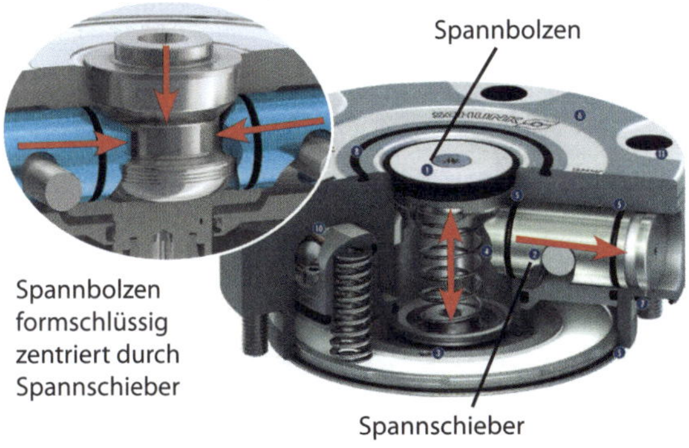

4. Mindestens zwei Spannbolzen des Nullpunktspannsystems müssen am zu bearbeitenden Werkstück montiert werden. Wo sollen die Aufnahmepositionen am Werkstück liegen und welche Arbeiten sind dafür am Werkstück durchzuführen?

5. Welche Werkstücke lassen sich mit **Magnetspannplatten** für eine 5-Seiten-Bearbeitung fixieren?

Name:	Klasse:	Datum:

Manuelle Programmierung

Arbeitsauftrag

Der Lagerbock aus S235JR ist auf einer 5-Achs-Fräsmaschine herzustellen. Dafür liegt ein Rohling von 160x120x65 mm Fertigmaß mit den erforderlichen Oberflächenqualitäten vor.

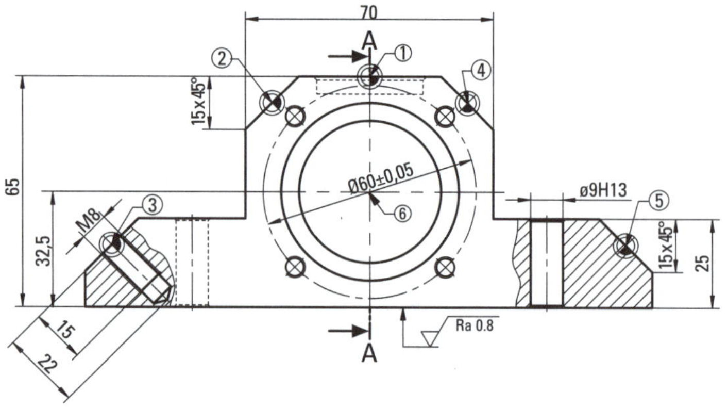

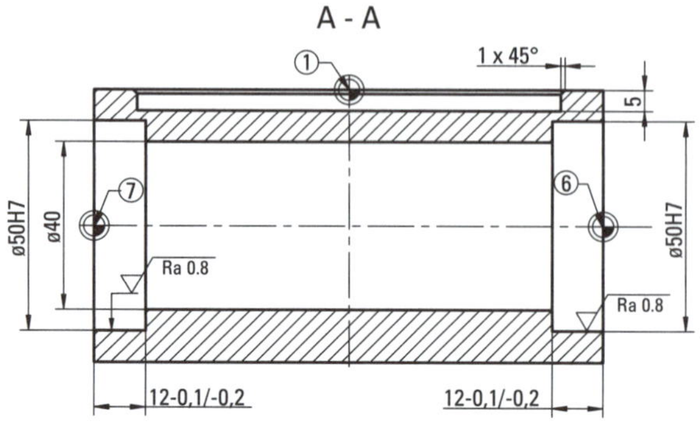

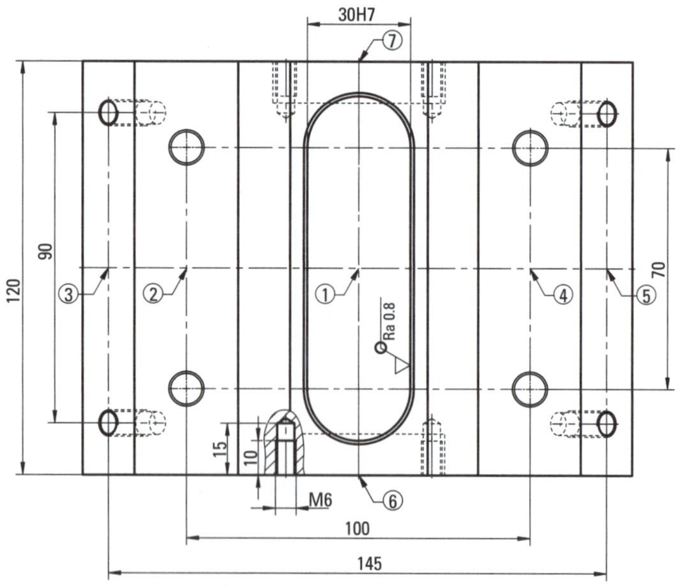

Die Werkstücknullpunkte von 1 bis 7 sind in den verschiedenen Ansichten dargestellt.

Zur Bearbeitung des Lagerbocks stehen folgende Werkzeuge zur Verfügung, die auch in der aufgeführten Reihenfolge eingesetzt werden:

T1:	Eckfräser mit Wendeplatten Ø50, z = 3	(S2000,	F680)
T2:	Bohrer mit Wendeplatten Ø40, z =2	(S1200,	F240)
T3:	VHM-Fräser Ø16, z = 3	(S3000,	F900)
T4	VHM-Entgrater Ø12, 90°, z = 2	(S4000,	F800)
T5:	HSS-NC-Anbohrer, Ø16, 90°	(S4000,	F800)
T6:	VHM-Bohrer Ø5	(S5000,	F400)
T7:	HSS-Gewindebohrer M6	(S500,	F1)
T8:	VHM-Bohrer Ø9	(S2800,	F300)
T9:	VHM-Bohrer Ø6,8	(S3700,	F370)
T10:	HSS-Gewindebohrer M8	(S400,	F1.25)

Programmierung

1. Ergänzen Sie in dem folgenden CNC-Programm für den Lagerbock die fehlenden Daten. Die im Hauptprogramm aufgerufenen Unterprogramme stehen hinter dem Hauptprogramm.

Name:	Klasse:	Datum:

S. 420-464

CNC-Satz	Erklärung
N10 G54	Aufruf des Werkstücknullpunktes 1 (WNP 1)
N20	Anwahl der X-Y-Ebene
;FRÄSEN LINKER ABSATZ	
N40 T1 TC1 S F M6 M13	T1 einwechseln
N50 G Z50 X-67 Y-90	Sicherheitsabstand und Positionierung im Eilgang
N60 Z	10 mm Zustellung
N70 G G D27 X-35 Y-60	Gleichlauffräsen und tangentiales Anfahren
N80 G1 Y	Konturende
N90 G G D27	Ende der Konturprog., tangentiales Abfahren
N100 G0 X-67 Y-90 Z2	Positionierung im Eilgang
N110 Z	Zustellung um weitere 10 mm
N120 G23 N70 N	Programmteilwiederholung
N130 Z	Zustellung um weitere 10 mm
N140 G23 N N100	Programmteilwiederholung
N150 Z	Zustellung um weitere 10 mm
N160 G23 N70 N100	
;FRÄSEN RECHTER ABSATZ	
N190 G0 Z50 X67 Y90	Sicherheitsabstand und Positionierung im Eilgang
N200 Z-10	mm Zustellung
N210 G41 G45 D27 X35 Y60	
N220 G1 Y-60	
N230 G46 G40 D27	
N240 G0 X67 Y90 Z2	
N250 Z-20	
N260 G23 N210 N240	
N270 Z-30	

Name:	Klasse:	Datum:

N280 G23 N210 N240	
N290 Z-40	
N300 G23 N210 N240	
;FRÄSEN LINKE OBERE FASE	
N330 G22	Koordinatensystems (KS) auf WNP 2 verschieben und drehen
N340 G0 X12 Y-100 Z11	Positionierung im Eilgang
N350 G0 Z4	Zustellung
N360 Y100	
N370	Zustellung auf Endhöhe
N380	Geradeninterpolation
N390 G0 Z150	Rückzug
;FRÄSEN LINKE UNTERE FASE	
N420 G22 L200	KS auf verschieben und drehen
N430 G23 N N	Programmteilwiederholung
;FRÄSEN RECHTE OBERE FASE	
N460 G22 L300	KS auf verschieben und drehen
N470 G23 N340 N390	Programmteilwiederholung
;FRÄSEN RECHTE UNTERE FASE	
N500 G22 L400	KS auf WNP 5 verschieben und drehen
N510 G23 N340 N390	Programmteilwiederholung
;BOHREN *d* = 40 VORNE	
N540 G22 L500	KS auf verschieben und drehen
N550 T2 TC1 S F M6 M13	T2 einwechseln
N560 ZI-62 D15 V2 W150	Tiefbohrzyklus mit Spanbruch und Entspänen
N570 G79	Zyklusaufruf
;BOHREN *d* = 40 HINTEN	
N600 G22 L600	KS auf WNP 7 verschieben und drehen

Name:	Klasse:	Datum:

N610 G23 N N	Programmteilwiederholung
;KREISTASCHE HINTEN	
N640 T3 TC1 S F M6 M13	T3 einwechseln
N650 G0 Z50	Positionierung auf Sicherheitsabstand
N660 G ZI D13 V2 W2 AK0.5 AL0.2 DH4 H5	
N670 G79	Zyklusaufruf
N680 G0 Z150	
;KREISTASCHE VORNE	
N710 G22 L500	KS auf WNP 6 verschieben und drehen
N720 G23 N N	Programmteilwiederholung
;NUT FRÄSEN	
N750 G17 AM0 BM0	KS auf WNP 1 verschieben und drehen
N760 G54	Aufruf des Werkstücknullpunktes 1
N770 G ZI-5 LP BP D5 V2 W150 AK0.5 AL0.2 H14	Nutenfräszyklus
N780 G79 X Y Z0 AR	Zyklusaufruf
;NUT ENTGRATEN	
N810 T4 TC1 S F M6 M13	T4 einwechseln
N820 G0 X0 Y0 Z50	Positionierung auf Sicherheitsabstand
N830 G G R10 X15 Y35 Z-1 V2	
N840 G3 X Y R15	Kreisinterpolation
N850 G1 Y	Geradeninterpolation
N860 G X Y R	Kreisinterpolation
N870 G1 Y	Geradeninterpolation
N880 G G R10 W20	
;ZENTRIEREN ALLER BOHRUNGEN	
N910 T5 TC1 S F M6 M13	T5 einwechseln

Name:	Klasse:	Datum:

S. 413–419

N920 G0 Z	Sicherheitsabstand
N930 G81 ZI V2	Zentrierungen für Bohrung Ø9
N940 G79 X-50 Y-35 Z	Zyklusaufruf
N950 G79 Y	Zyklusaufruf
N960 G0 Z	Rückzug
N970 G79 X Y Z-40	Zyklusaufruf
N980 G23 N950 N	Programmteilwiederholung
N990 G22 L200	
N1000 G ZI V2	Zentrierungen für M8
N1010 G79 X Y-45 Z0	Zyklusaufruf
N1020 G Y	Zyklusaufruf
N1030 G0 Z150	
N1040 G22 L400	
N1050 G23 N1000 N	Programmteilwiederholung
N1060 G22 L	KS auf WNP 6 verschieben und drehen
N1070 G81 ZI V2	Zentrierungen für M6
N1080 G R AN AI O4 IA0 JA0 ZA0	Mehrfachzyklusaufruf auf einem Lochkreis
N1090 G0 Z	Rückzug
N1100 G22 L600	
N1110 G23 N N	Programmteilwiederholung
;BOHREN FÜR M6	
N1140 T6 TC1 S F M6 M13	T6 einwechseln
N1150 G0 Z50	
N1160 G82 ZI-16.5 D6 V2	Tiefbohrzyklus mit Spanbruch
N1170 G77 R30 AN45 AI90 O4 IA JA ZA	Mehrfachzyklusaufruf auf einem Lochkreis

Name:	Klasse:	Datum:

S.413-419

N1180 G0 Z150	Rückzug
N1190 G22 L500	
N1200 G23 N1170 N	Programmteilwiederholung
;GEWINDE M6 BOHREN	
N1230 T7 TC1 S F1 M6 M13	T7 einwechseln
N1240 G ZI-10 F V5	Gewindebohrzyklus für M6
N1250 G23 N N	Programmteilwiederholung
N1260 G L	KS auf WNP 6 verschieben und drehen
N1270 G N N	Programmteilwiederholung
;BOHRUNGEN d9	
N1300 G17 AM0 BM0	KS
N1310 G54	Aufruf des WNP 1
N1320 T8 TC1 S F M6 M13	T8 einwechseln
N1330 G0 Z50	
N1340 G ZI D10 V2 W42 DR1	Tiefbohrzyklus mit Spanbruch und Entspänen
N1350 G X-50 Y-35 Z-40	Zyklusaufruf
N1360 G79 Y	Zyklusaufruf
N1370 G79 X	Zyklusaufruf
N1380 G79 Y	Zyklusaufruf
;BOHRUNGEN FÜR M8	
N1420 T9 TC1 S F M6 M13	T9 einwechseln
N1430 G22 L200	
N1440 G ZI D8 V2 DR1	Tiefbohrzyklus mit Spanbruch
N1450 G79 X0 Y45 Z0	Zyklusaufruf
N1460 G79 Y	Zyklusaufruf
N1470 G0 Z150	
N1480 G22 L	KS auf WNP 5 verschieben und drehen

Name:	Klasse:	Datum:

S. 413–419

N1490 G23 N N	Programmteilwiederholung
;GEWINDE M8 BOHREN	
N1520 T10 TC1 S M6 M13	T10 einwechseln
N1530 G0 Z	Sicherheitsabstand
N1540 G84 ZI F V6	Gewindebohrzyklus für M8
N1550 G23 N N	Programmteilwiederholung
N1560 G22 L200	KS auf WNP 3 verschieben und drehen
N1570 G23 N N	Programmteilwiederholung
N1580 G17 AM0 BM0	
N1590 G54	
N1600 T0 M6	Auswechseln des letzten Werkzeugs
N1610 M30	

N10 L100	WNP 2 auf
N20 G50	
N30 G17 AM0 BM0 CM0	Anwahl der X-Y-Ebene, keine Drehung des Maschinenkoordinatensystems (MKS)
N40 G59 XA ZA	WNP-Verschiebung auf Fasenmitte
N50 G17 BM	Drehung des MKS um die B-Achse aus –45°
N60	Unterprogrammende

N10 L200	WNP 3 auf
N20	Aufheben der inkrementalen NP-Verschiebungen
N30	Anwahl der X-Y-Ebene, keine Drehung des MKS
N40 G59 XA ZA	WNP-Verschiebung auf Fasenmitte
N50 G17 BM-45	
N60 M17	

Name:	Klasse:	Datum:

N10 L300	WNP 4 auf
N20 G50	Aufheben der inkrementalen NP-Verschiebungen
N30 G17 AM0 BM0 CM0	Anwahl der X-Y-Ebene, keine Drehung des MKS
N40 G59 XA ZA	WNP-Verschiebung auf Fasenmitte
N50 G17 BM CM	
N60 M17	

N10 L400	WNP 5 auf Mitte der unteren rechten Fase
N20	Aufheben der inkrementalen NP-Verschiebungen
N30	Anwahl der X-Y-Ebene, keine Drehung des MKS
N40	WNP-Verschiebung auf Fasenmitte
N50	Drehung des MKS um die B-Achse auf –45° und die C-Achse um 180°
N60	Unterprogrammende

N10 L500	WNP 6 auf Mitte der hinteren Kreistasche
N20 G50	Aufheben der inkrementalen NP-Verschiebungen
N30 G17 AM0 BM0	Anwahl der X-Y-Ebene, keine Drehung des MKS
N40	WNP-Verschiebung auf Fasenmitte
N50 G17	Drehung des MKS um die A-Achse auf –90°
N60 M17	Unterprogrammende

N10 L600	WNP 7 auf
N20 G50	Aufheben der inkrementalen NP-Verschiebungen
N30 G17 AM0 BM0	Anwahl der X-Y-Ebene, keine Drehung des MKS
N40	WNP-Verschiebung auf Fasenmitte
N50	Drehung des MKS um die A-Achse auf 90°
N60 M17	Unterprogrammende

Name:	Klasse:	Datum:

CAD-CAM-Programmierung

1. Nennen Sie die beiden CAD-Modelle des Werkstücks, die die Basis für die CAD-CAM Programmierung darstellen.

2. Was bewirkt das Positionieren des Werkstückkoordinatensystems (WKS) im CAM-System bei der späteren Zerspanung?

3. Welche **grundlegenden Frässtrategien** kommen bei der CAD-CAM-Programmierung in welcher Reihenfolge zum Einsatz?

4. Beschreiben Sie die Tätigkeiten, die z. B. für die Frässtrategie Schruppen durchzuführen sind.

5. Welche Daten generiert das CAM-System aus den Eingaben?

5-Achs-Simultanbearbeitung

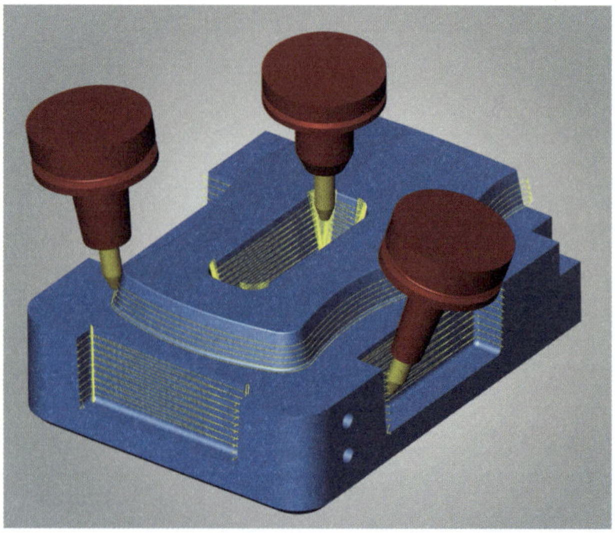

1. Welchen wesentlichen Vorteil hat das **5-Achs-Simultanfräsen** gegenüber dem angestellten Fräsen?

2. Nennen Sie zwei Nachteile, die sich beim 5-Achs-Simultanfräsen ergeben können.

Name:	Klasse:	Datum:

Laserscannen

1. Begründen Sie den wesentlichen Vorteil der **optischen Messtechnik** gegenüber dem Messen mit taktilen 3D-Messmaschinen.

2. Beschreiben Sie das Prinzip des **Laserscannens**.

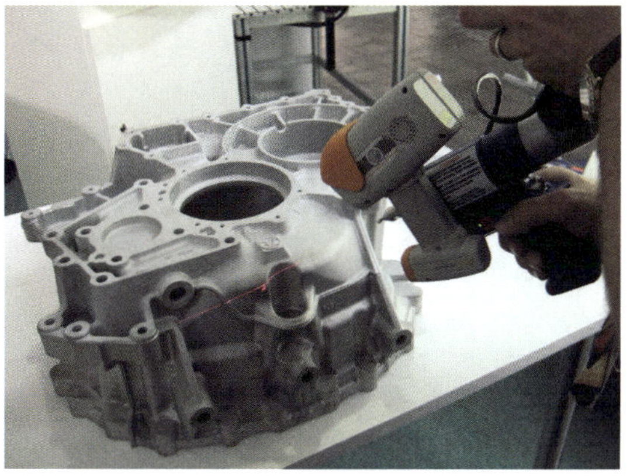

Streifenprojektionsverfahren

1. Erläutern Sie das Prinzip der Punkterfassung beim **Streifenprojektionsverfahren**.

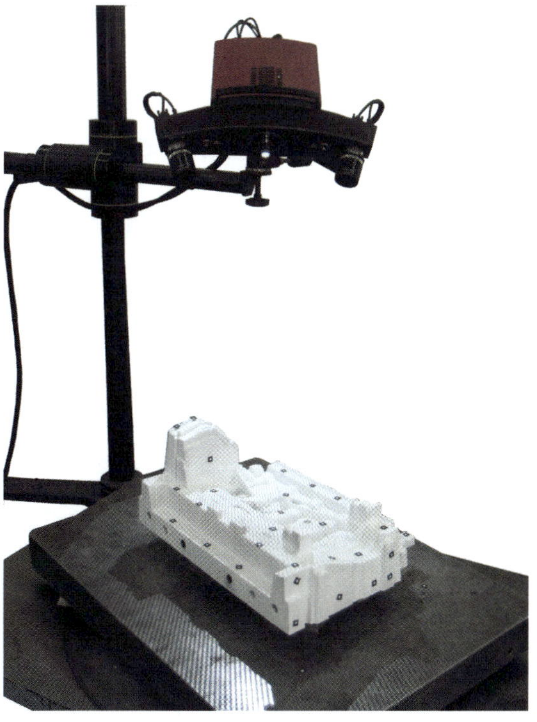

2. Was ist der wesentliche Vorteil des Streifenprojektionsverfahrens gegenüber dem Laserscannen?

Name:	Klasse:	Datum:

S. 465–467

3. Wozu dienen die **Referenzmarken** auf dem zu messenden Werkstück?

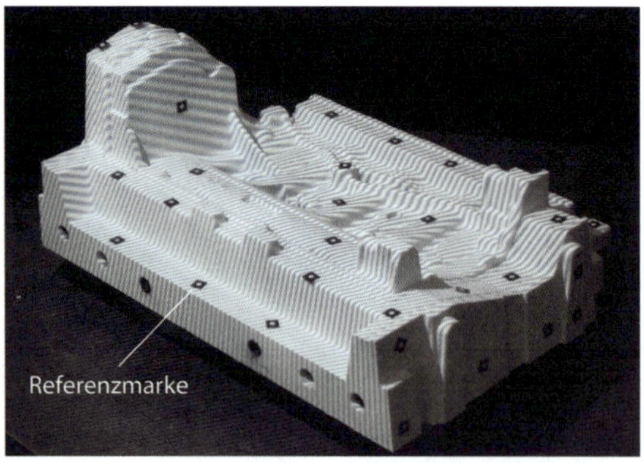

4. Was geschieht bei der **Triangulation** bzw. Polygonisierung und welches Ergebnis liegt danach vor?

5. Wie erfolgt der **Soll-Istwert-Vergleich** von CAD-Modell und Werkstück?

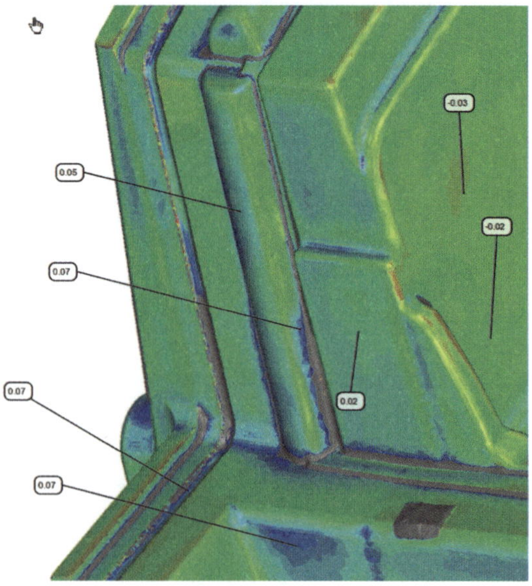

Merke

Das Streifenprojektionsverfahren gewährleistet eine ______________ Genauigkeit der Punktewolke bei ______________ Messzeit.

Name:	Klasse:	Datum:

Flexible Fertigungszellen

1. Beschreiben Sie aufgrund der nebenstehenden Grafik mit „je … desto …“, wovon die Wahl des Fertigungssystems abhängig ist.

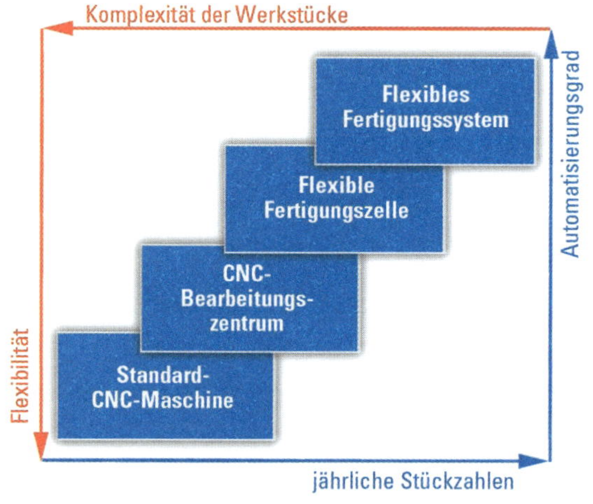

2. Beschreiben Sie, was zu einer **flexiblen Fertigungszelle** gehört.

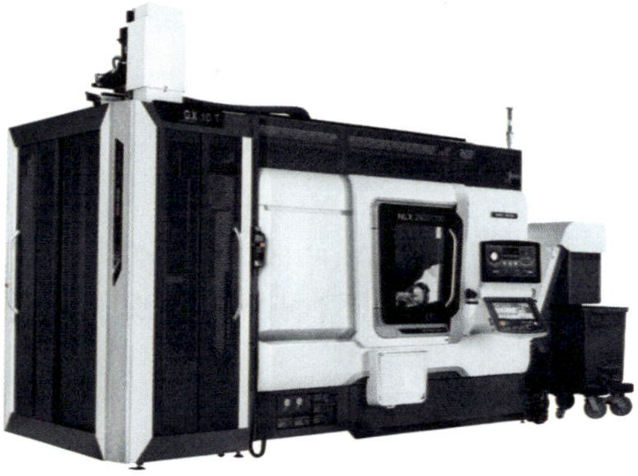

Werkstückhandhabung

1. Was wird unter **Werkstückhandhabung** verstanden?

2. Nennen Sie zwei Anlagen, mit denen die Handhabung der Werkstücke und deren Verwaltung erfolgt.

3. Beschreiben Sie stichpunktartig die Funktion eines **Stangenlademagazins** und geben Sie an, zu welcher Handhabungskategorie es gehört.

Name:	Klasse:	Datum:

4. Beschreiben Sie, wie ein **Industrieroboter** in einem Arbeitsgang ein Werkstück dem Drehfutter entnehmen und ihm anschließend einen Rohling zuführen kann.

5. Welche Vorteile ergeben sich bei der Fräsbearbeitung durch die Verwendung von **Paletten**?

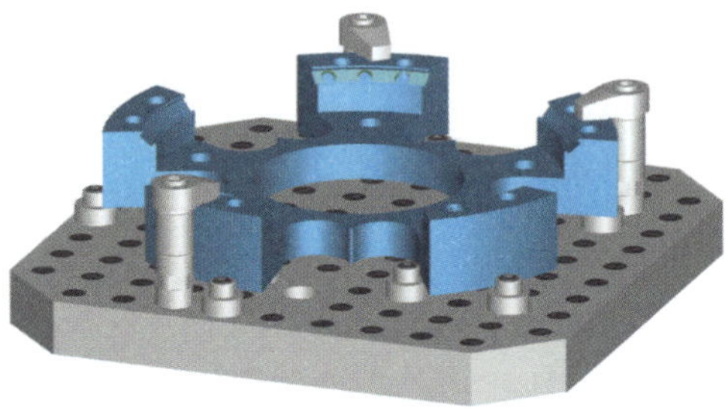

6. Beschreiben Sie stichpunktartig, was an den mit Ziffern markierten Stellen der **flexiblen Fertigungszelle** geschieht.

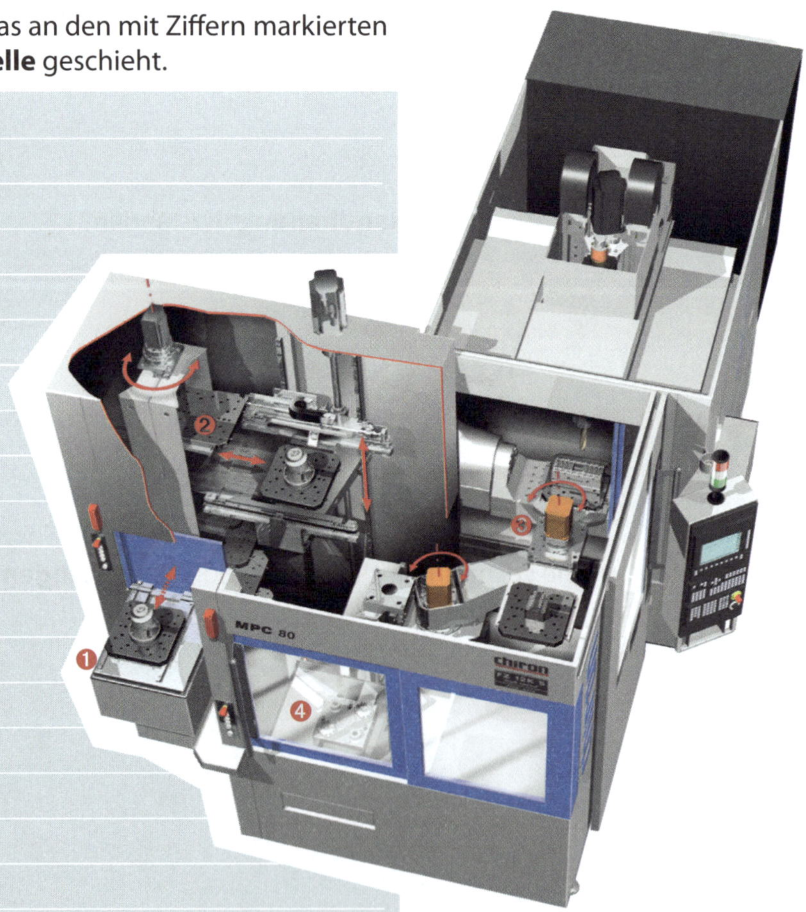

7. Welchen Vorteil haben **Nullpunktspannsysteme**?

Name:	Klasse:	Datum:

S. 469-483

Werkstückverwaltung

1. Welche Aufgaben übernimmt der **Zellenrechner** einer flexiblen Fertigungszelle?

2. Nennen Sie zwei Möglichkeiten, wie der Zellenrechner die Information erhält, welches Werkstück bearbeitet wird.

3. Tragen Sie in der folgenden Tabelle die Bezeichnungen der **Datenträger** ein und kreuzen Sie an, ob sie lesbar und beschreibbar sind.

9 0123456789		
☐ lesbar ☐ beschreibbar	☐ lesbar ☐ beschreibbar	☐ lesbar ☐ beschreibbar

4. Beschreiben Sie schrittweise den **Ablauf der Kommunikation** zwischen Zellenrechner, Handhabungsgerät und Fertigungszelle vom Lesen der Werkstückkennung bis zum Entnehmen des Werkstücks.

5. Nennen Sie Daten, die der Zellenrechner in der Datenbank während eines Bearbeitungszyklus speichert.

Name:	Klasse:	Datum:

Werkzeughandhabung

1. Aus welchen Gründen werden **Hintergrundwerkzeugmagazine** (siehe nebenstehendes Bild) eingesetzt und wie kommen die Werkzeuge von dort in die Arbeitsspindel?

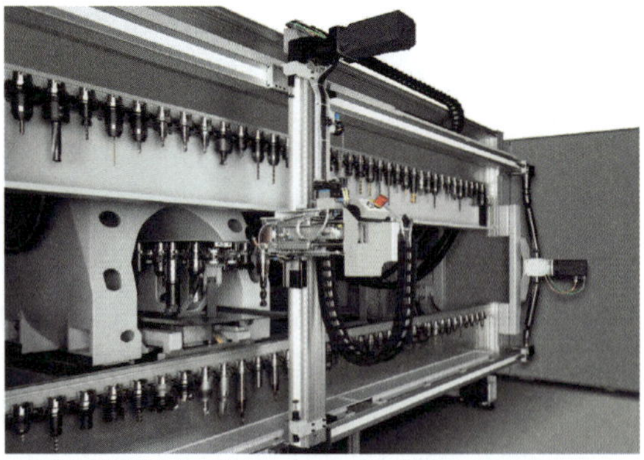

Werkzeugverwaltung

1. Welche Voraussetzungen müssen erfüllt sein, damit das benötigte Werkzeug dem Werkzeugmagazin übergeben werden kann und welche Folgen ergeben sich, wenn die Voraussetzungen nicht vorliegen?

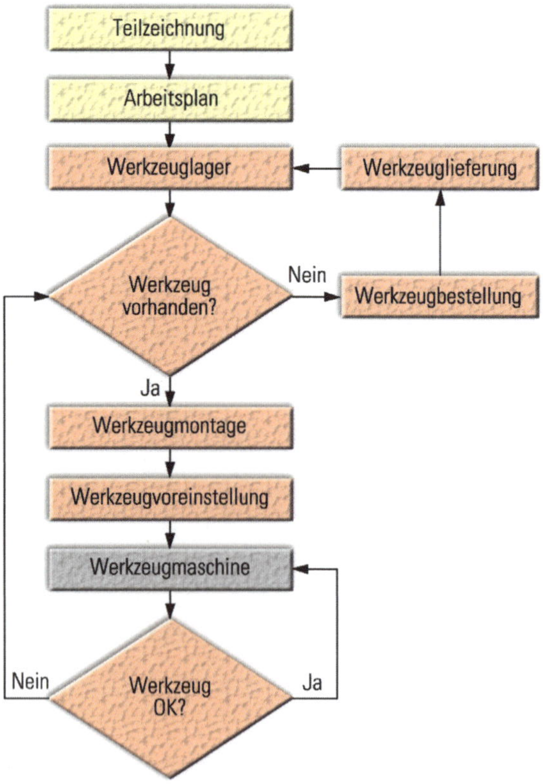

Ist das nicht der Fall,

Name:	Klasse:	Datum:

S. 469–483

2. Beschreiben Sie den im Bild dargestellten Vorgang.

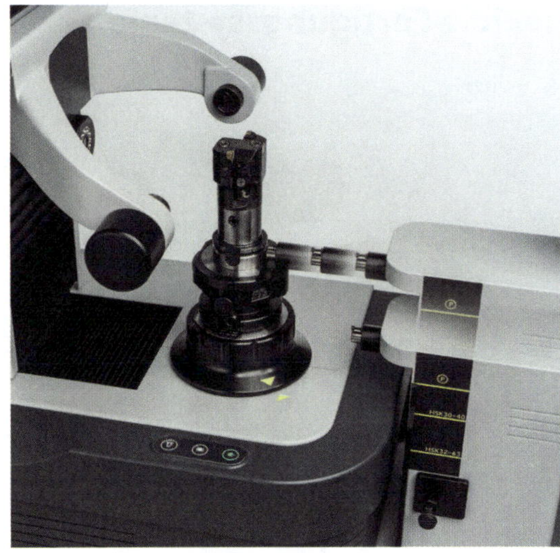

3. Welche Möglichkeiten kennen Sie, wie der Fertigungszelle die **Werkzeugkorrekturdaten** mitgeteilt werden können?

4. Wozu dient die **automatische Überwachung** der Werkzeuge im Werkzeugmagazin?

5. Welche auf das Werkzeug bezogene Daten kann der Zellenrechner der flexiblen Fertigungszelle während der Zerspanung erfassen?

Merke

Eine effektive **Werkzeugverwaltung** führt zu:

- ________________ der Werkzeugvielfalt
- ________________ des Lagerbestands
- ________________ beim Werkzeugverbrauch
- ________________ des Bereitstellungsaufwands
- ________________ der Maschinennutzung

Name:	Klasse:	Datum:

Flexible Fertigungssysteme

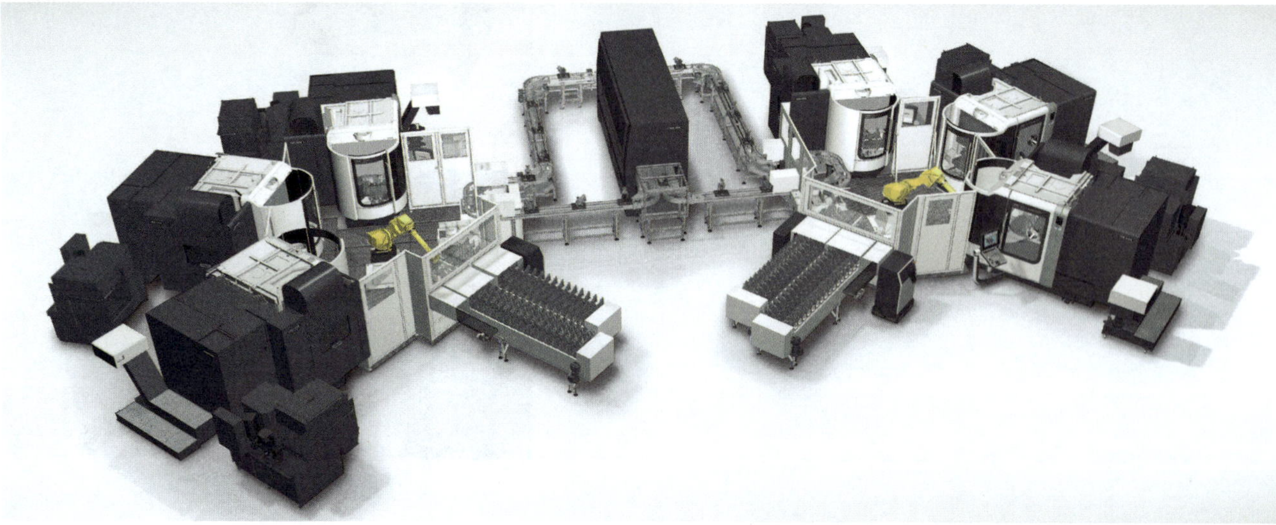

1. **Flexible Fertigungssysteme** bestehen aus mehreren Untersystemen. Nennen Sie fünf Untersysteme.

2. Ermitteln Sie mithilfe der Grafik, an welchen Flexiblen Fertigungszellen (FFZ) die Werkstücke WS1 bis WS3 bearbeitet werden.

	WS1	WS2	WS3
FFZ1	☐	☐	☐
FFZ2	☐	☐	☐
FFZ3	☐	☐	☐
FFZ4	☐	☐	☐

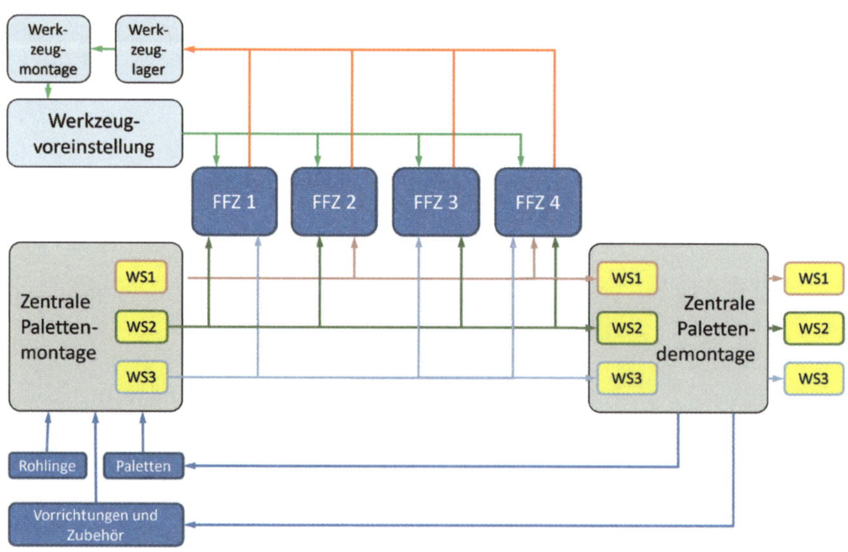

Werkstücktransportsysteme

1. Nennen Sie fünf Faktoren, von denen die Auswahl der **Werkstücktransportsysteme** abhängig ist.

Name:	Klasse:	Datum:

2. Womit werden den Fertigungszellen im Bild die Werkstücke zugeführt und welchen Vorteil hat dieses Werkstücktransportsystem?

3. Womit werden die Fertigungszellen im Bild mit Werkstücken beladen? Beschreiben Sie den Werkstücktransport von der ersten Übernahme bis zur Übergabestation am Ende der Bearbeitung.

4. Womit werden im Bild den Fertigungszellen die Werkstückpaletten zugeführt und welche Vorteile hat dieses Transportsystem?

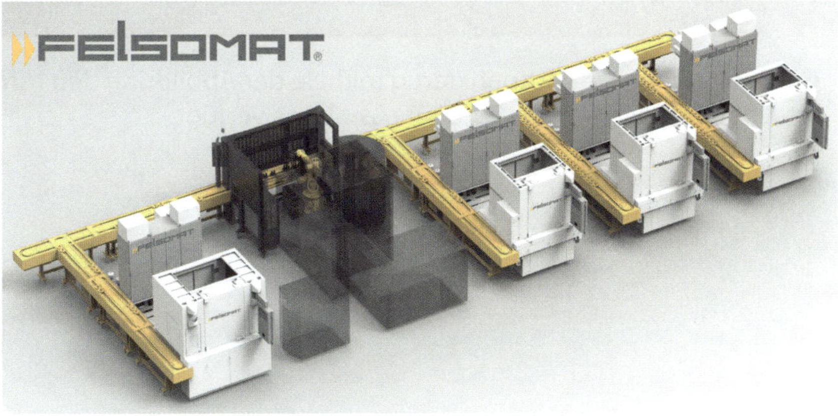

Name:	Klasse:	Datum:

5. Nennen Sie drei Gründe für den Einsatz von **fahrerlosen Flurförderzeugen**.

6. Stellen Sie die zwei **grundlegenden Prinzipien** für die Führung von fahrerlosen Flurfahrzeugen dar und geben Sie jeweils eine oder zwei Führungsarten an.

Informationssystem

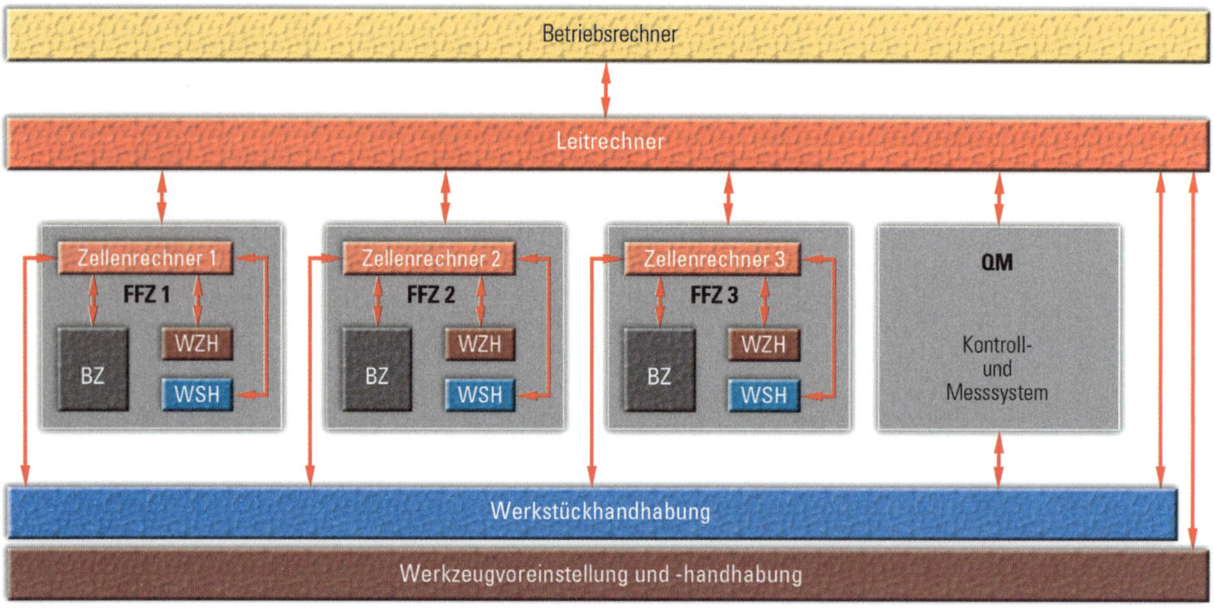

1. Beschreiben Sie stichpunktartig mithilfe der Abbildung den **Informationsfluss** eines Betriebes, der über mehrere Flexible Fertigungssysteme verfügt.

Name:	Klasse:	Datum:

Industrierobotertypen

1. Benennen Sie die drei **Robotertypen**, tragen Sie die möglichen Achsbewegungen in die Bilder ein und bezeichnen Sie diese. Führen Sie Anzahl der Linear- und Drehachsen auf und geben Sie Eigenschaften und Anwendungen an.

Benennung	
Achsen	
Eigenschaften	
Anwendung	

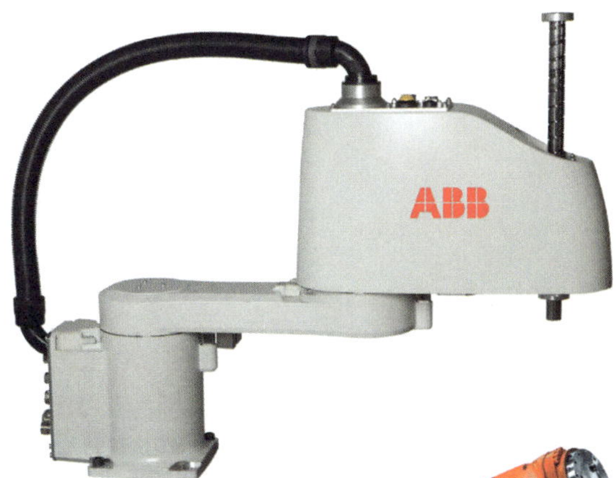

Benennung	
Achsen	
Eigenschaften	
Anwendung	

Benennung	
Achsen	
Eigenschaften	
Anwendung	

Name:	Klasse:	Datum:

S. 484–493

Kenngrößen von Industrierobotern

1. Aus welchen Größen setzt sich die **Nennlast** für einen Roboter zusammen?

2. Unterscheiden Sie **Arbeitsraum** und **Werkzeugarbeitsraum**.

3. Nennen Sie zwei **kinematische Kenngrößen** für Roboter mit den dazu gehörenden Einheiten.

4. Erläutern Sie den Begriff **Wiederholgenauigkeit**.

Bewegungensarten

1. Unterscheiden Sie den **PTP-** und **CP-Betrieb** bei Robotern und vergleichen Sie das Verhalten mit den G-Funktionen an CNC-Maschinen.

Aufbau

1. Erläutern Sie, was unter **Effektor** bei einem Roboter verstanden wird und geben Sie dafür zwei konkrete Beispiele an.

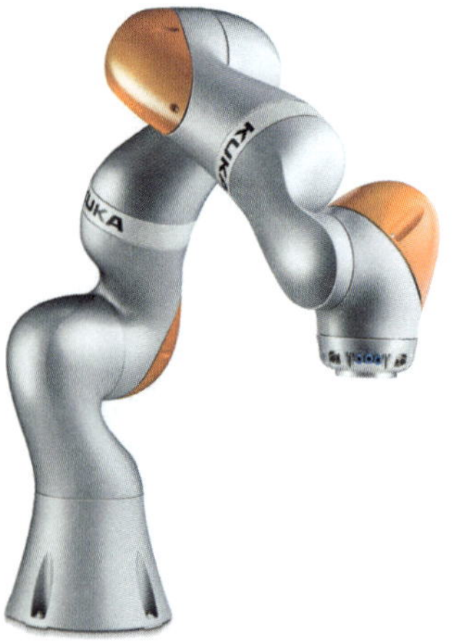

2. Was kann ein Roboter mit sechs **Freiheitsgraden** und wie viele besitzt der dargestellte Roboter?

Name:	Klasse:	Datum:

S. 484–493

3. Stellen Sie stichpunktartig dar, wie die **Robotersteuerung** arbeitet.

4. Aus welchen Komponenten besteht meist der **Antrieb** für eine Achse des Roboters?

5. Nennen Sie **Wegmesssysteme**, die bei Robotern eingesetzt werden und geben Sie an, welche Aufgaben sie erfüllen.

Programmierung

1. Nennen und beschreiben Sie kurz die beiden grundlegenden **Programmiermöglichkeiten** für Roboter.

2. Unterscheiden Sie die **Teach-In-Programmierung** und **Play-Back-Programmierung** von Robotern.

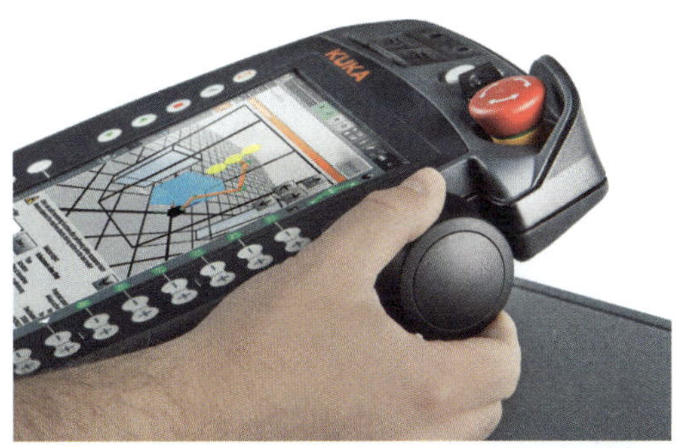

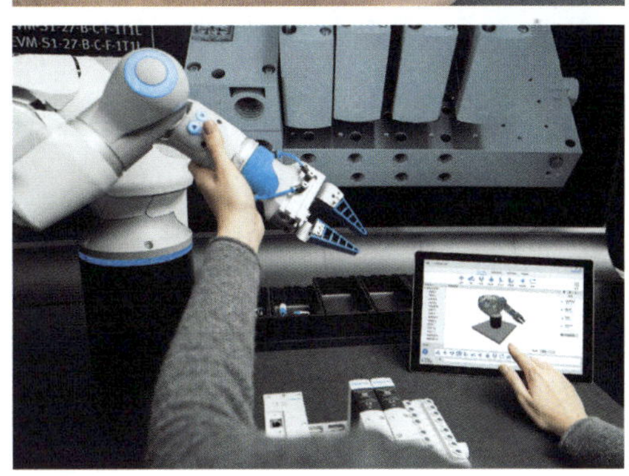

Name:	Klasse:	Datum:

S. 484–493

3. Wie geschieht die **Off-Line-Programmierung** von Robotern und welche Vorteile hat sie gegenüber der On-Line-Programmierung?

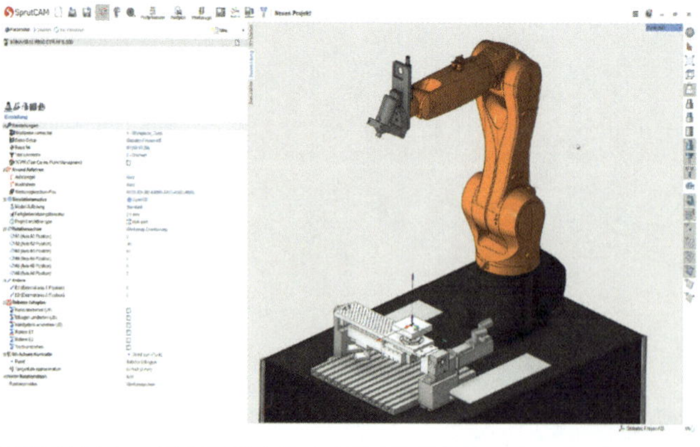

Sicherheitsanforderungen

1. Erläutern Sie drei **mögliche Maßnahmen**, die die Fachkraft während des Roboterbetriebs vor Kollisionen und Unfällen schützen.

2. Beschreiben Sie zwei **Sicherheitsmaßnahmen**, die während der On-Line-Programmierung der Roboter gewährleistet sein müssen.

Name:	Klasse:	Datum:

Information und Auftragsplanung

1. Zählen Sie auf, welche Bereiche eines industriellen Betriebs an der Herstellung qualitativ hochwertiger Produkte beteiligt sind.

2. Aus welchem Grund ist es für eine Fachkraft der Zerspanungstechnik nötig, den Informationsfluss zwischen diesen Bereichen zu kennen?

3. Erhält Ihr Betrieb einen Auftrag, steht für Sie die Fertigung des Produkts an der Werkzeugmaschine im Zentrum Ihrer Tätigkeit. Vervollständigen Sie das bei Ihrer Tätigkeit zu berücksichtigende Prinzip **der vollständigen Handlung**.

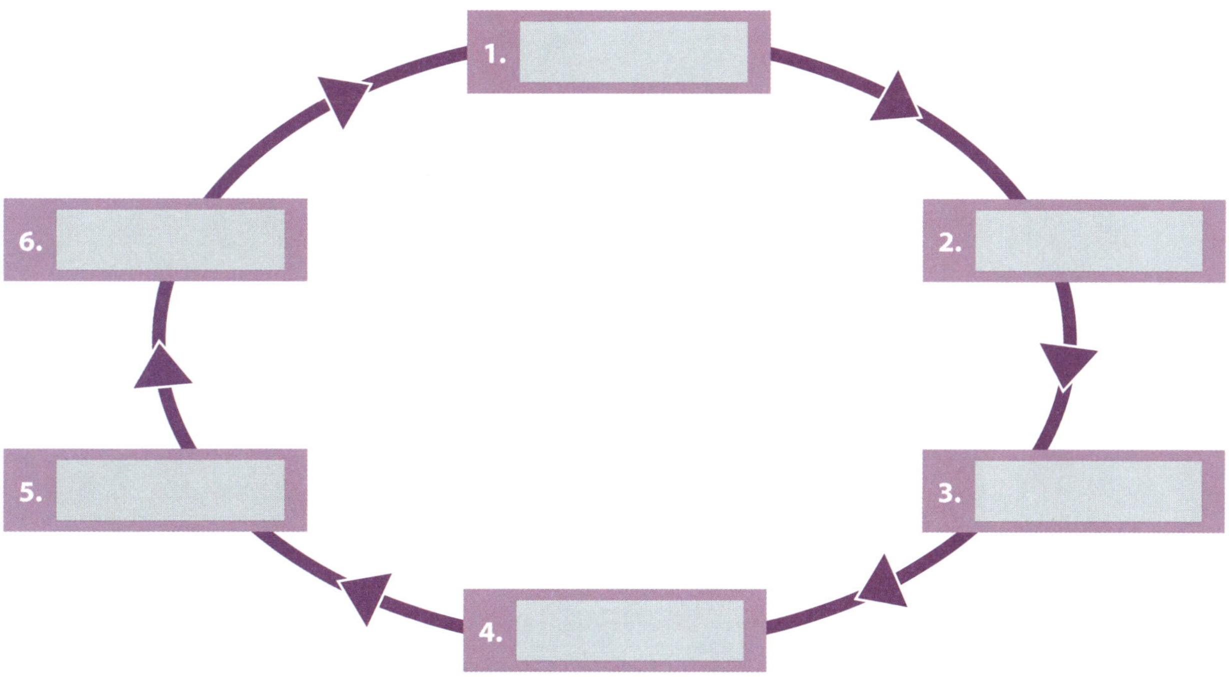

Name:	Klasse:	Datum:

4. Vervollständigen Sie die Tabelle, indem Sie die sechs Handlungsschritte aus Aufgabe 3 den drei Phasen bei der Bearbeitung eines Auftrags zuweisen. Formulieren Sie für die einzelnen Handlungsschritte passende Leitfragen.

Phase	Handlungsschritt	Leitfrage
Information und Auftragsplanung	Informieren	Was ist das Ziel des Auftrags? Welche Informationen benötigen Sie?
Auftragsdurchführung		
Auftragskontrolle		

5. Bevor Sie mit der eigentlichen Arbeit an der Werkzeugmaschine beginnen können, muss der Fertigungsauftrag freigegeben werden.

a) Wer erteilt in der Regel die **Freigabe** des Fertigungsauftrags?

b) Nennen Sie drei Bedingungen, die für Erteilung der Freigabe durch Ihren Vorgesetzten von diesem geprüft werden.

Name:	Klasse:	Datum:

S. 497–516

c) Nennen Sie drei Gründe, warum es wichtig ist, die in Aufgabe 5b) genannten Bedingungen vor der Freigabe des Auftrags zu überprüfen.

6. Versuchen Sie, die unten dargestellte Maschinenbelegung unter Berücksichtigung der Vorgaben für die Dauer und Reihenfolge der Maschinenbelegung zu optimieren.

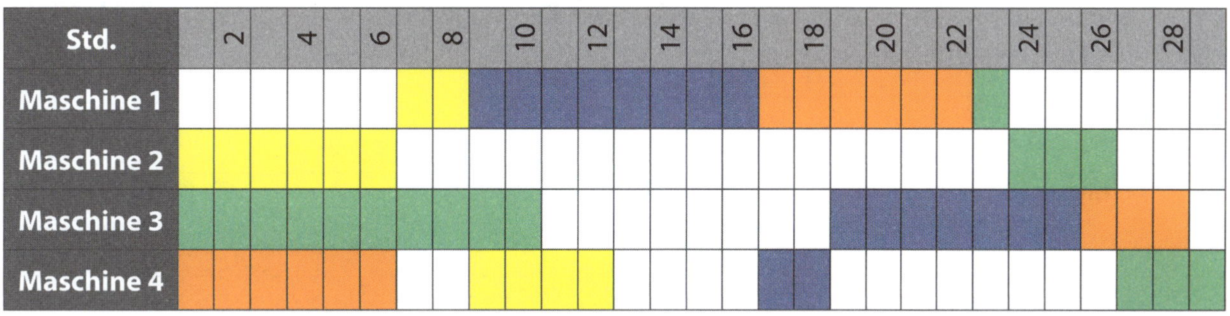

Vorgaben	Arbeitsvorgang 1		Arbeitsvorgang 2		Arbeitsvorgang 3		Arbeitsvorgang 4	
	Maschine	Std.	Maschine	Std.	Maschine	Std.	Maschine	Std.
Auftrag 1	M3	10	M1	1	M2	3	M4	3
Auftrag 2	M1	8	M4	2	M3	7	–	–
Auftrag 3	M2	6	M1	2	M4	4	–	–
Auftrag 4	M4	6	M1	6	M3	3	–	–

Std.		2		4		6		8		10		12		14		16		18		20		22		24		26		28	
Maschine 1																													
Maschine 2																													
Maschine 3																													
Maschine 4																													

Name:	Klasse:	Datum:

Merke

Eine gründliche Planung des Einsatzes von Mitarbeitern und Produktionsmitteln optimiert nicht nur den Produktionsausstoß, sondern verringert auch Belastungsspitzen.

7. Nach der Freigabe des Auftrags erfolgt die **Auftragsauslösung**. Beschreiben Sie, welche Tätigkeiten die Auftragsauslösung für eine Fachkraft der Zerspantechnik mit sich bringt.

Auftragsumfang und Auftragsziel analysieren

1. Welchem Zweck dienen die folgenden **Fertigungsunterlagen** im Zusammenhang mit der Planung und Durchführung eines Einzelfertigungsauftrags?

Fertigungsunterlage	Zweck
Produktionsauftrag	
Materialentnahmeschein	
Zeitvorgabebeleg	
Lohnschein	

2. Woher stammen die Zeitvorgaben auf den Zeitvorgabebelegen?

3. Welchem Zweck dient die Terminkarte in der Fertigungskontrolle?

1 REFA – Reichsausschuss für Arbeitszeitermittlung

Name:	Klasse:	Datum:

Einzelfertigungsauftrag

Werkstücke werden auf Drehmaschinen oft mit Universalspannmitteln, z. B. Dreibackenfutter, gespannt. Für Werkstücke mit besonderen Geometrieelementen benötigt man spezielle Drehvorrichtungen und Aufnahmen. Das Bild zeigt eine Drehvorrichtung mit einer solchen speziellen **Aufnahme** (Pos. 3). Im Rahmen eines innerbetrieblichen Auftrags gilt es, die Aufnahme als Einzelfertigungsauftrags herzustellen.

Informieren

1. Legen Sie die Aufnahme (Pos. 3) in der Zeichnung farbig an.

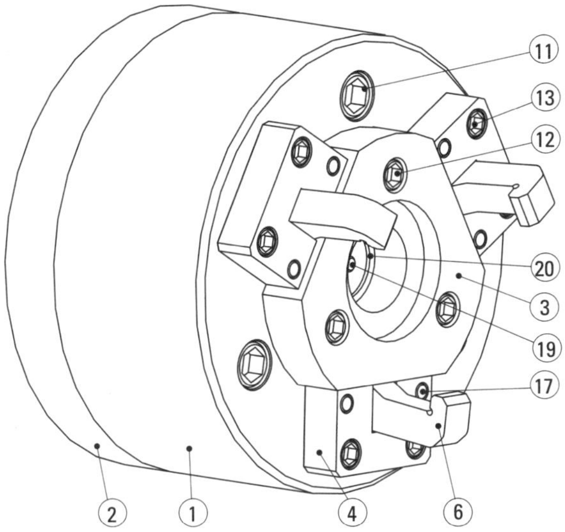

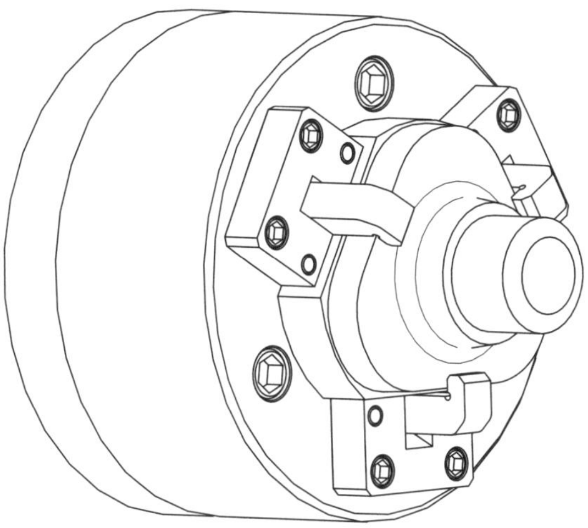

Stückliste der Drehvorrichtung

Pos.	Menge	Benennung / Norm - Kurzbezeichnung	Werkstoff	Halbzeug / Bemerkung
1	1	Grundkörper	EN-GJL-300	Modell DV – 230
2	1	Zwischenflansch	EN-GJL-300	Modell DV – 231
3	1	Aufnahme	50CrMo4	Rd EN 10278 – 75h11 x 25
4	3	Führungssegment	C60	Fl EN 10278 – 25 x 12 x 42
5	1	Spannstern	S275JR	Rd EN 10278 – 85h11 x 19
6	3	Spannhaken	C60	Fl EN 10278 – 16 x 10 x 68
7	1	Spannbolzen (aus ISO 4762 - M10 x 65 gefertigt)	8.8	
8	1	Ring	E335	Rd EN 10278 – 22h11 x 10
9	1	Kegelpfanne DIN 6319 – D12	St	
10	1	Kugelscheibe DIN 6319 – C 10,5	St	
11	3	Zylinderschraube ISO 4762 – M8 x 50	8.8	
12	3	Zylinderschraube ISO 4762 – M5 x 16	8.8	
13	6	Zylinderschraube ISO 4762 – M4 x 16	8.8	
14	2	Sechskantmutter ISO 4035 –M10	05	
15	1	Zylinderstift ISO 8734 – 3 x 20	B – St	
16	3	Zylinderstift ISO 8734 – 5 x 30	B – St	
17	6	Zylinderstift ISO 8734 – 5 x 26	B – St	
18	2	Tellerfeder DIN 2093 – A20	55Cr3	
19	1	Deckel	11SMn30	Rd EN 10278 – 25h11 x 2
20	1	Sicherungsring DIN 472 – 25 x 1,2	St	

Name:	Klasse:	Datum:

2. Beschreiben Sie zunächst den Spannvorgang der Drehvorrichtung und in diesem Zusammenhang die Funktion und Aufgabe der Aufnahme (Pos. 3).

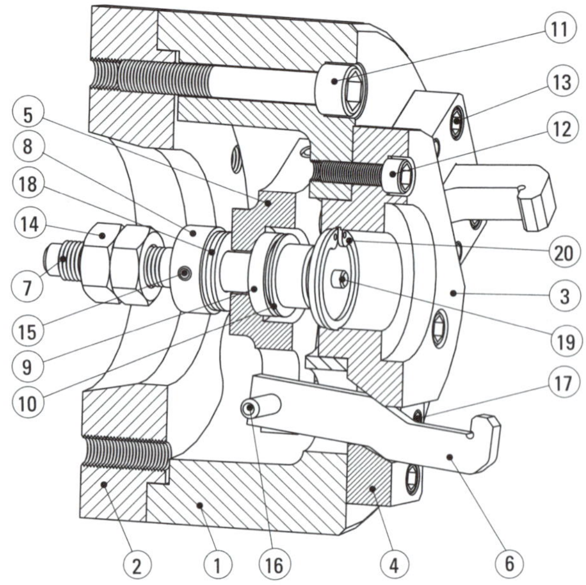

Das Werkstück wird in die ______________ eingelegt und zugleich positioniert. Zum Spannen bewegt sich der Spannbolzen (7) nach ______________. Der Spannstern (5) überträgt die Bewegungen auf die ______________. Dabei gleiten die Spannhaken über die Schrägen der ______________, schwenken dann nach innen und pressen das Werkstück an die Ringfläche der ______________. Durch die Kegelpfanne (9) und die Kugelscheibe (10) lässt sich der Spannstern (5) auf dem Spannbolzen (7) schwenken. Dadurch wird bei allen drei Spannhaken eine ______________ Spannung erreicht.

Planung

1. Erläutern Sie die Werkstoffbezeichnung der Aufnahme (Pos. 3).

2. Welche Eigenschaften des Werkstoffs werden durch die Legierungselemente beeinflusst?

Legierungselement	Eigenschaft
Chrom (Cr)	
Molybdän (Mo)	

3. **a)** Bestimmen Sie mithilfe des Tabellenbuchs, welche mechanischen Eigenschaften dieser Werkstoff 50CrMo4 besitzt.

b) Welchen Einfluss haben diese mechanischen Eigenschaften auf den Zerspanvorgang bei der Fertigung der Aufnahme?

Name:	Klasse:	Datum:

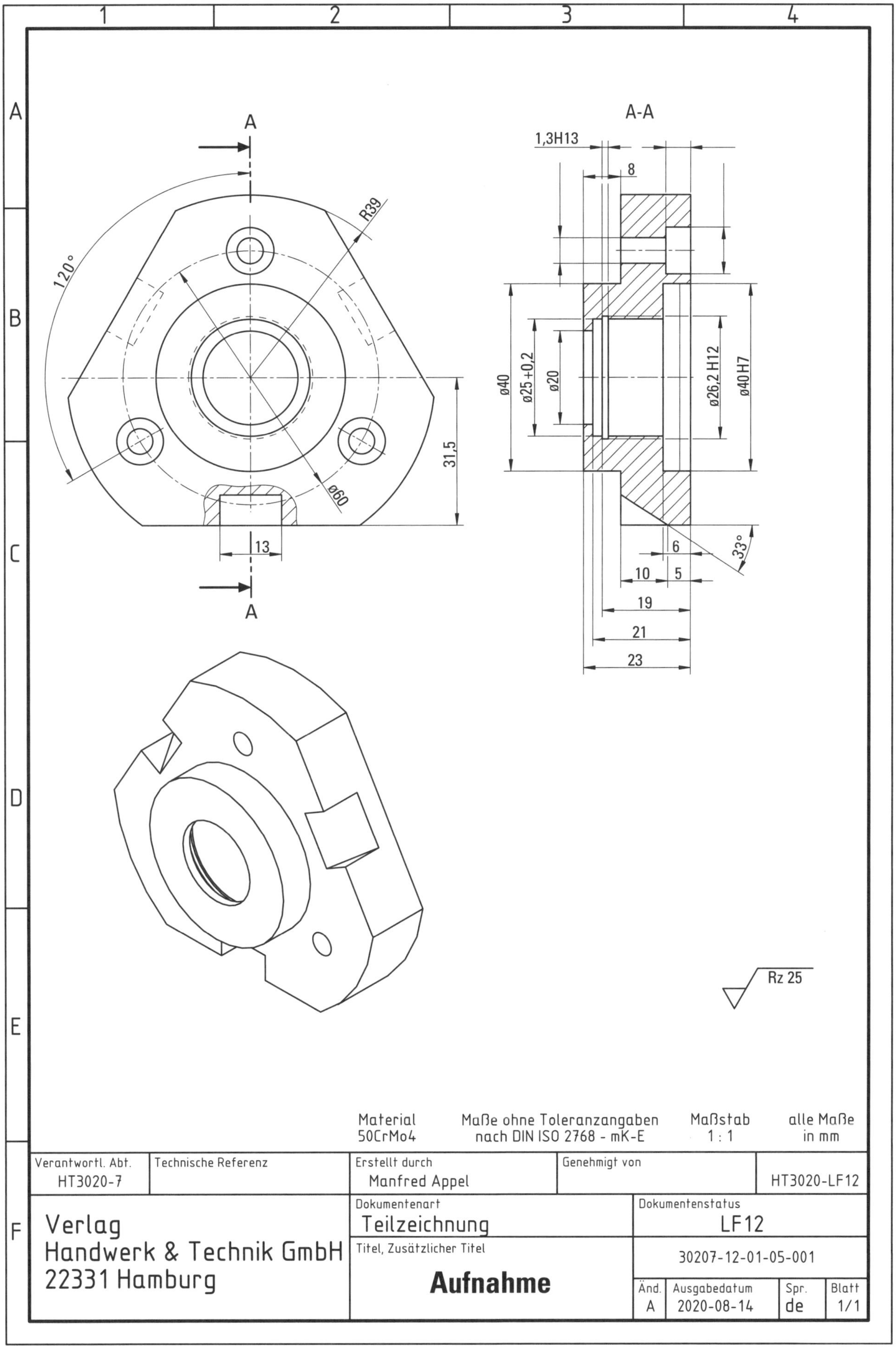

Name:	Klasse:	Datum:

4. Vervollständigen Sie die folgenden Aussagen über **Vergütungsstähle** und **Vergüten**.

- Vergütungsstähle haben einen Kohlenstoffgehalt von ______ und ______.
- Vergüten ist das Härten mit Anlassen bei ______ Temperaturen zwischen ______ und ______.
- Das Vergüten ist eine sogenannte Umwandlungshärtung. Sie nimmt gezielt Einfluss auf das Verhältnis zwischen Härte, ______ und ______ des Stahls. Dabei muss die Temperatur beim Vergüten so gewählt werden, dass bei einem vertretbaren Verlust der ______ und ______ die gewünschte Zähigkeit des Stahls erreicht wird.
- Durch das Legieren mit unterschiedlich hohen Anteilen an Chrom, Molybdän, ______ und ______ kann man besonders bei ______ Material-Querschnitten gezielten Einfluss auf die Materialeigenschaften nehmen und diese dem späteren Verwendungszweck ______.
- Die Verarbeitung des meist als Stangenmaterial gehandelten Vergütungsstahl erfolgt mittels spanender oder spanloser Bearbeitung. In der Regel wird Vergütungsstahl in ______ ______ Zustand bearbeitet.

5. Anstatt der Verwendung des Vergütungsstahls 50CrMo4 wäre auch die Verwendung eines Stahls mit der Bezeichnung 16MnCrS5 denkbar.

a) Um welche Art von Stahl handelt es sich dabei?

b) Zu welchem Zeitpunkt in Bezug auf die Fertigungsabfolge der Aufnahme (Pos. 3) findet das Einsatzhärten statt?

c) Welche Probleme könnten daraus entstehen?

Name:	Klasse:	Datum:

S. 497 – 516

6. Die Aufnahme (Pos. 3) wird mit ______ Zylinderkopfschrauben ______ (Pos. ____) an dem Grundkörper (Pos. 1) befestigt. Die Senkungen für die Befestigungsschrauben in der Aufnahme sollen nach DIN 974 hergestellt werden. Bestimmen Sie die Maße der Senkungen mithilfe des Tabellenbuchs Seite ______. Tragen Sie die Maße der Senkungen in die Teilzeichnung der Aufnahme ein.

7. Die Aufnahme soll auf einer CNC-Drehmaschine gefertigt werden. Beschreiben Sie die Abfolge der Bearbeitung ohne Fräs- und Bohr- und Senkarbeiten schrittweise.
Folgende Werkzeuge stehen Ihnen zur Verfügung:

Bezeichnung	Werkzeugnummer
Außendrehmeißel (Schruppen), HM v_c =210 m/min, f = 0,5 mm, a_p = 5 mm, R = 1,2 mm, ε = 80°	T1 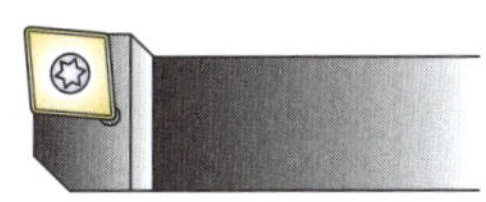
Außendrehmeißel (Schlichten), HM v_c = 320 m/min, f = 0,28 mm, R = 0,8mm, ε = 55°	T2 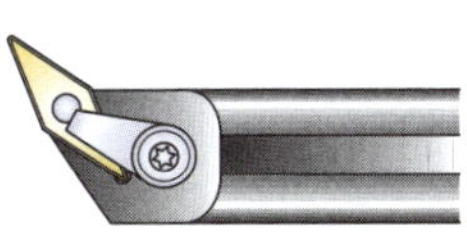
Innendrehmeißel (Schruppen), HM v_c =160 m/min, f = 0,3 mm, a_p =3 mm	T3 
Innendrehmeißel (Schlichten), HM v_c = 270 m/min, f = 0,15 mm	T4 
Vollbohrer Ø17 mm, HM v_c = 200 m/min, f = 0,15 mm	T5 
Bohrstange mit stirnseitig verschraubter Schneidplatte Hinterdrehen HM v_c =140 m/min, f = 0,1 mm	T6 

Name:	Klasse:	Datum:

Nr.	Arbeitsschritt	Werkzeug / Hilfsmittel
1	Entgraten, Rohmaße prüfen	
2		Dreibackenfutter mit harten Backen
3	Werkstücknullpunkt	
4	Querplandrehen (auf Seite der Senkungen)	
5	Längsrunddrehen Durchmesser Ø 78, 16 lang	
6		
7	InnenØ 40, 25 und 20	, Aufmaß in axialer Richtung 0,2 mm
8	InnenØ 40, 25 und 20	
9	Nut Ø 26,2 einstechen	
10	Maßkontrolle	Innenmessschraube, Messschieber
11	, Spannmittel wechseln	
12	Aufnahme umspannen	
	Auf Länge mm Querplandrehen	
13		, Aufmaß in axialer Richtung 0,2 mm und 0,5 mm im Radius
14		
15	Entgraten, Maßkontrolle, Ausspannen	

Merke

CNC-Drehmaschinen besitzen meist hydraulische Spannfutter. Durch Hand- oder Fußbetätigung fahren die Backen des Futters auf oder zu. Um die Freigabe für den Start der Maschine zu erhalten, muss u. a. sichergestellt sein, dass das Werkstück richtig gespannt ist. Dies wird von Sensoren überwacht. Wenn die Backen eines Futters wechseln, müssen die Sensoren überprüft und ________________ werden.

Name:	Klasse:	Datum:

8. Der Durchmesser Ø 78 der Aufnahme soll durch Schruppdrehen mit einer beschichteten Hartmetallplatte vorbearbeitet werden. Wählen Sie eine geeignete Wendeschneidplatte (WSP) und einen Schneidstoff zur Schruppbearbeitung aus. Geben Sie mithilfe des Tabellenbuchs Seite ______ die vollständige Bezeichnung der gewählten Wendeschneidplatte an.

Schneidplatte DIN ISO 1832 ______

Kenngröße (DIN ISO 1832)	Beschreibung	Erläuterung
Plattengeometrie der WSP		Stabil in Verbindung mit Hebelklemmung
Normal-Freiwinkel, Hauptschneide		
Toleranzklasse		
Spanformer und Befestigungsmerkmal		
Plattengröße		Länge der Hauptschneide
Plattendicke		
Ausbildung der Schneidecke		Eckenradius $r_{\varepsilon} = 0{,}1 \times$ Kennzahl
Schneidstoff (ISO 513)		

9. Welche Art von Klemmsystem wählen Sie für die sichere Befestigung der Wendeschneidplatte aus Aufgabe 8?

Name:	Klasse:	Datum:

10. Der Durchmesser 78 mm der Aufnahme aus 16MnCrS5 soll mit einer Oberflächengüte Rz 25 mm durch Drehen mit einer beschichteten Hartmetallplatte fertigbearbeitet werden (Schnitttiefe a_p = 0,4 mm).

a) Erläutern Sie die Bedeutung der Oberflächengüte Rz 25 mm und wie diese Oberflächenkennwert bestimmt wird.

b) Welche Schnittwerte (v_c, f) und welcher Eckenradius (r_ε) sind laut Tabellenbuch Seite auszuwählen?

c) Berechnen Sie die theoretischen Rautiefe R_{th} (Tabellenbuch Seite .

11. Die drei Abflachungen am Durchmesser Ø 78 mm werden mit einem Schaftfräser (Ø 20 mm, $z = 4$) mit den Angaben HSSE – PM – TiCN – TiN[2] im Gleichlauf gefräst.

a) Welche Vorteile bietet das Gleichlauffräsen gegenüber dem Gegenlauffräsen?

b) Erläutern Sie diese Schneidstoffangabe des Schaftfräsers.

HSSE:

PM:

TiCM – TiN:

2 Durch das Auftragen von einer oder mehreren verschiedenen Beschichtungen kann die Schnittgeschwindigkeit auf das Drei- bis Vierfache gesteigert werden.

Name:	Klasse:	Datum:

c) Warum werden hochwertige Werkzeuge aus HSS pulvermetallurgisch hergestellt?

d) Bestimmen Sie die Drehzahl und Vorschubgeschwindigkeit des Werkzeuges mit mithilfe des Tabellenbuchs Seite ______.

e) Beschreiben Sie, welches die geeigneten Spanmittel sind, um den zylindrischen Fräserschaft im Hinblick auf guten Rundlauf zu spannen.

12. Bei allen Zerspanprozessen ist ein kontrollierter Spanablauf von besonderer Bedeutung. Nennen Sie die Reihenfolge, in der Sie die Schnittdaten anpassen, um einen optimalen Spanablauf zu gewährleisten.

Kenngröße	Einfluss auf die Spanform
Schnitttiefe a_p	
Vorschub f	
Schnittgeschwindigkeit v_c	

Entscheiden und Durchführen

1. Die Aufnahme (Pos. 3) wird auf den Grundkörper (Pos. 1) der Drehvorrichtung montiert. Der Grundkörper hat Innendurchmesser 40H7. Um eine wiederholte Montage und Demontage zu ermöglichen ist eine Spielpassung vorgesehen.

Das Mindestspiel im gefügten Zustand soll 0 mm betragen. Wählen Sie mithilfe des Tabellenbuchs Seite ______ für den Durchmesser 40 mm der Aufnahme (Pos. 3) eine geeignete Passung aus und bestimmen Sie die übrigen Werte in der Tabelle.

Bohrung Grundkörper (Pos. 1): 40H7 Welle Aufnahme (Pos. 3): ______

Höchstmaß Welle G_{oW}	Mindestmaß Welle G_{uW}	Höchstmaß Bohrung G_{oB}	Mindestmaß Bohrung G_{uB}	Höchstspiel P_{SH}	Mindestspiel P_{SM}

Name:	Klasse:	Datum:

2. Die Oberflächenrauheit steht in Abhängigkeit zur Maßtoleranz.

a) Welcher Zusammenhang besteht zwischen der Oberflächenrauheit und dem Grundtoleranzgrad?

b) Welche gemittelte Rautiefe Rz und welchen arithmetischen Mittenrauwert Ra sollte die Oberfläche der Aufnahme (Pos. 3) am Durchmesser 40h6 laut Tabellenbuch Seite ______ haben?

c) Tragen Sie die Oberflächenangaben in die Zeichnung (Seite 111) ein.

Merke

Bei der Fertigung von Bauteilen ist die geforderte Oberflächenqualität zu gewährleisten. Es ist unwirtschaftlich, bessere Oberflächenqualitäten als gefordert herzustellen.

3. Die Koaxialität der Achse der Bohrung Ø 40H7 der Aufnahme muss zur Achse des Zylinders Ø 40h6 (Bezugselement) eine Genauigkeit von Ø 0,05 mm aufweisen.

a) Ergänzen Sie in der Zeichnung der Aufnahme Seite 111 das Bezugselement und die Ortstoleranz nach DIN ISO 1101.

b) Die rechte Stirnfläche der Aufnahme muss eine Ebenheit von 0,02 mm aufweisen. Ergänzen Sie ______ in der Zeichnung.

c) Beschreiben Sie die Problematik und Vorgehensweise beim Prüfen der Koaxialität, wenn keine Messmaschine vorhanden ist.

Problematik:

Vorgehensweise:

d) Vervollständigen Sie den folgenden Satz.

Beim radialen Rundlauf summieren sich die Abweichungen von der Rundheit und der ______.

Name:	Klasse:	Datum:

4. **a)** Der Durchmesser 40h6 mm und die Planfläche auf Durchmesser 78 mm sollen nach dem Vordrehen durch Schleifen fertigbearbeitet werden. Aus welchem fertigungstechnischen Grund ist an dieser Stelle ein Freistich notwendig?

b) Ergänzen Sie die vollständige Normbezeichnung (Tabellenbuch Seite ______) des Freistichs in der Zeichnung.

5. Welches Kühlschmiermittel setzen Sie bei der spanenden Bearbeitung der Aufnahme ein?

Bearbeitungsverfahren	Kühlschmiermittel
Drehen, Fräsen, Bohren	
Schleifen	

6. Bestimmen Sie die Spannmittel für die verschiedenen Fertigungsverfahren zur Herstellung der Aufnahme.

Fertigungsverfahren	Spannmittel
Drehen	
Fräsen	
Bohren, Senken	

Name:	Klasse:	Datum:

7. Geben Sie den Teilkreis-Bohrzyklus zum Bohren der drei Durchgangsbohrungen mit Ø5,5 mm an. Startbohrung ist die obere Bohrung mir den Koordinaten X = 0 mm und Y = 32 mm, Werkzeug: T12 HM beschichtet.

Werkzeugnummer	T12
Bezeichnung	Spiralbohrer Typ N
DIN-Bezeichnung	DIN 338 – 5,5 N 118 H
Aufnahme	SK40
Drehsinn	M3
Spitzenwinkel	118°
Durchmesser	5,5 mm
Nutzbare Länge	57 mm

N570 T12 M3	(Werkzeugwechsel: Bohrer Ø5,5 mm)
N580 G0	(Sicherheitsabstand)
N590 G81	(Bohrzyklus)
N600 G77	(Lochkreis Zyklusaufruf 1. bis 3. Bohrung)
N610	(Sicherheitsabstand)

Merke

Bearbeitungszyklen fassen mehrere Verfahrbewegungen in einem Programmsatz zusammen. Bearbeitungszyklen erleichtern und verkürzen die Programmierung erheblich. Somit erfolgt die Erstellung der Programme schneller und die Fehlersuche wird vereinfacht.

8. Erstellen Sie das CNC-Programm für die Fertigkontur der Aufnahme bei der zweiten Aufspannung.

N90	G14 H1	Werkzeugwechselpunkt
N100	G96 G95 S320 F0.28	Konstante Schnittgeschwindigkeit und Vorschub
N110	T2 TC1 S300 F0.15	Werkzeugwechsel
N120		Positionieren
N130		Geradeninterpolation Freistich auf Toleranzmitte und Stirnseite
N140		Freistich Form F
N150		Geradeninterpolation auf Ø78
N160		Geradeninterpolation auf Z-25
N170		Geradeninterpolation auf Ø88
N180		Werkzeugwechselpunkt
N190		Programmende

Name:	Klasse:	Datum:

Bewerten und Kontrollieren

1. Berechnen Sie für die drei Durchgangsbohrungen mit Ø 5,5 mm die gesamte Betriebsmittelhauptnutzungszeit t_h. Der An- und Überlauf des Bohrers beträgt jeweils 1 mm, wenn

a) mit einem TiN-beschichteten Spiralbohrer aus HSS ($f = 0{,}05$ mm),

b) mit einem Spiralbohrer aus Hartmetall gebohrt wird ($f = 0{,}05$ mm).

c) Wie viele Bohrungen sind jeweils möglich, wenn die Standzeit des Bohrers $T = 12$ min beträgt?

d) Bewerten Sie das Ergebnis.

2. Zur Qualitätssicherung wird auch bei der Fertigung eines Einzelauftrags ein Prüfprotokoll erstellt. Bei den damit durchgeführten Messungen wird festgestellt, dass der Außendurchmesser 40h6 nach dem Schleifen ein Istmaß von 39,970 mm besitzt.

a) Nennen Sie, mit Bezug auf die Temperatur, den Grund für die Maßabweichung und berechnen Sie die Werkstücktemperatur bei Prüfung bezogen auf Mitte der Toleranz Ø 40h6.

Berechnung:

Name:	Klasse:	Datum:

b) Geben Sie drei weitere Ursachen für die Abweichung zwischen Anzeige- und Wiederholgenauigkeit an.

c) Nennen Sie zwei Kriterien, die bei der Prüfung von Werkstücken im Maschinenraum zu beachten sind.

3. Die Oberflächenqualität der Fläche am Durchmesse 40h6 soll geprüft werden. Unter welchen Umständen ist das Lichtschnittverfahren dem Tastschnittverfahren vorzuziehen?

4. **a)** Die tatsächlich gemessene elektrische Maschinenleistung zum Längsrunddrehen des Durchmessers 40h6 der Aufnahme ist höher als die theoretisch berechnete Schnittleistung. Welche Gründe können zu dieser Abweichung geführt haben?

b) Welche Schnittwerte beeinflussen die Schnittkraft?

c) Welcher Schnittwert hat den größten Einfluss auf die Schnittleistung P_c?

Name:	Klasse:	Datum:

S. 497-516

5. Die Steuerung der Spannvorrichtung für die Aufnahme kann auch elektropneumatisch ausgeführt werden. Die Steuerung kann alternativ nach Beispiel A oder Beispiel B ausgeführt werden. Wie verhalten sich die beiden Steuerungen, wenn während des Spannens die elektrische Energie ausfällt?

Steuerung A:

Steuerung B:

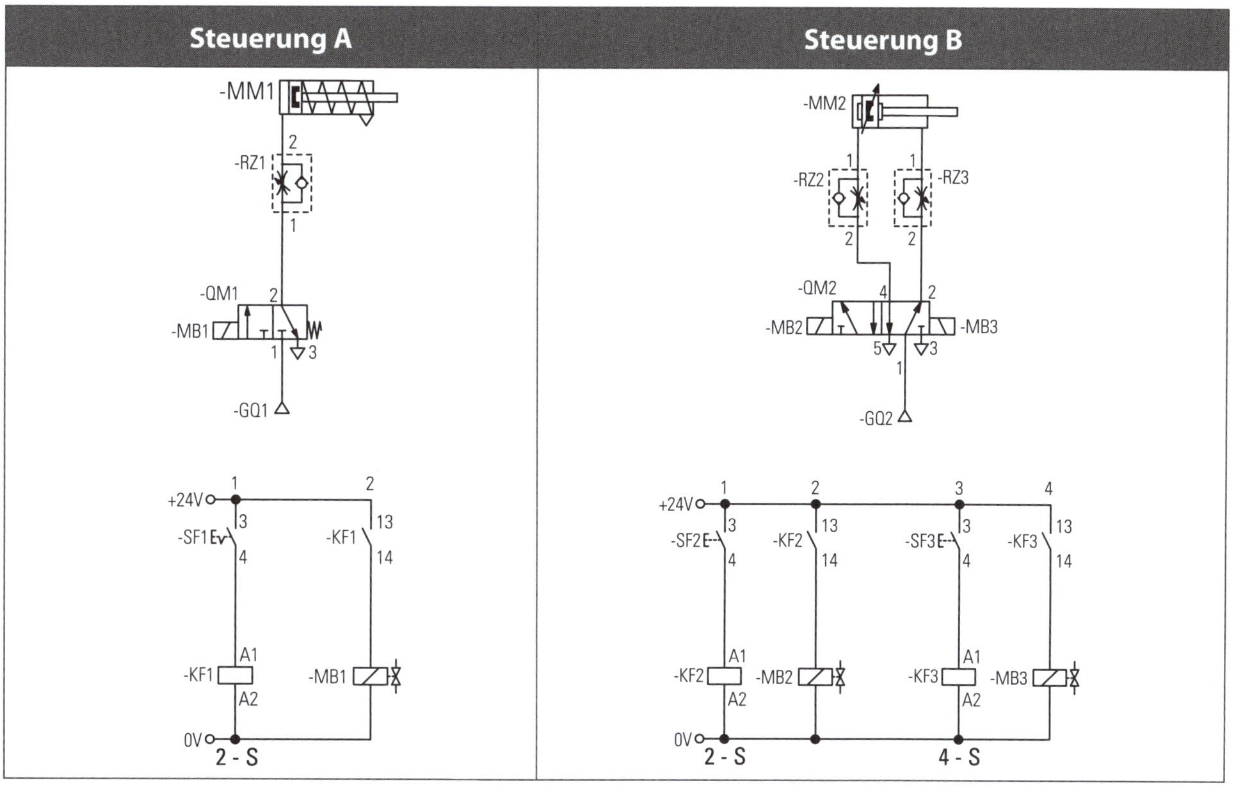

6. Die Aufnahme soll später in größerer Stückzahl wirtschaftlich hergestellt werden. Nennen Sie zwei alternative Herstellungsverfahren.

7. Wie entstehen die CNC-Sätze für die Bearbeitung der Aufnahme mithilfe eines **CAD-CAM Systems**?

Name:	Klasse:	Datum:

Transport mit Hebezeug

1. Sowohl in der Fertigung, Lagerwirtschaft als auch bei der Montage werden häufig Lasten mit Hebezeugen bewegt bzw. positioniert. Dabei ist der Fachausdruck Lastaufnahmeeinrichtung ein Oberbegriff für:

Merke

Ein sicherer Transport von Lasten mit Hebezeugen ist nur dann gewährleistet, wenn die Fachkraft die für das Heben der Last geeigneten Lastaufnahme- und Anschlagmittel auswählt. Die Lastaufnahme- und Anschlagmittel:

müssen für den jeweiligen Verwendungszweck ________________,

dürfen bei bestimmungsgemäßer Verwendung nicht über ihre ______________ hinaus belastet werden und müssen sich in einem __________________ Zustand befinden.

2. Führen Sie fünf weitere Punkte auf, die Sie beim Anschlagen von Lasten zu beachten haben.

3. Erläutern Sie die nebenstehende Abbildung zum Anschlagen von Lasten mit Ketten, Bändern oder Seilen.

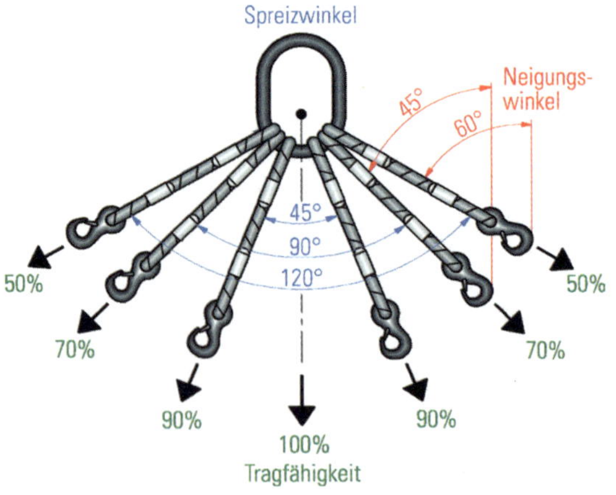

4. Tragen Sie die Bedeutungen der Verständigungszeichen für den Kranbetrieb in die markierten Felder ein.

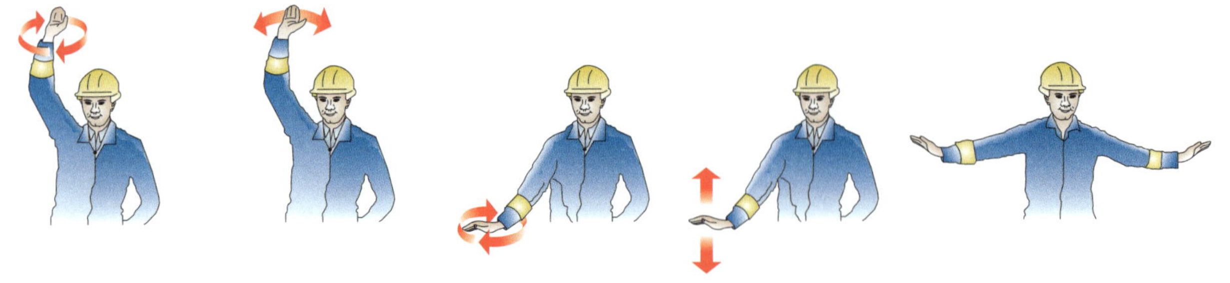

Name:	Klasse:	Datum:

Qualität

Bedeutung

1. **a)** Maschinen und Geräte bestehen oft aus vielen Einzelteilen, die von Zulieferfirmen hergestellt werden. Sie liefern diese Teile oftmals nach dem Prinzip **J**ust-**in**-**t**ime (JIT). Erläutern Sie die Bedeutung dieses Begriffs, sowie die Vor- und Nachteile dieses Modells.

b) Nennen Sie neben der termingerechten Lieferung zwei weitere Anforderungen, die ein Lieferbetrieb seinem Kunden gegenüber erfüllen muss.

Merke

Die **Qualität**, die ein Lieferant oder Produzent erreicht, hängt davon ab, wie erfolgreich er die Anforderungen und Erwartungen des Kunden erfüllt.

2. Ein Produzent ist daher gezwungen, seine Produktion und Abläufe ständig einer Prüfung zu unterziehen, um die erreichte Qualität möglichst kostengünstig zu erhalten oder gar zu verbessern.

Für diese Bestrebungen sind die ______ und die ______ von hoher Bedeutung. Nennen Sie je eine Aufgabe, die diese beiden Bereiche erfüllen müssen.

3. Fehler können in der Produktion nie ganz ausgeschlossen werden. Daher sind Strategien zur **Fehlervermeidung** wichtig. Vervollständigen Sie den Satz mit *je später* und *desto*.

______ ein Fehler entdeckt wird, ______ größer sind die Kosten, die für seine Beseitigung anfallen.

Name:	Klasse:	Datum:

4. Nach DIN EN ISO 9000 wird die Qualität eines Produkts anhand verschiedener Merkmale bestimmt, ermittelt und geprüft, um festzustellen, ob es den entsprechenden Anforderungen gerecht wird. Nennen Sie sechs Merkmale und tragen Sie diese zusammen mit Beispielen in die Tabelle ein.

Merkmal	Beispiel	Merkmal	Beispiel
physikalische Merkmale	mechanische bzw. elektrische Eigenschaften	funktionale Merkmale	
ergonomische Merkmale		verhaltensbezogene Merkmale	
zeitbezogene Merkmale		umweltbezogene Merkmale	

Merke

Je besser die Produkte die Merkmale erfüllen und den Anforderungen und Erwartungen des Kunden entsprechen, desto ________________ ist die Produktqualität.

5. Die Qualität hat somit direkten Einfluss auf die Absatzchancen für das betreffende Produkt. Vervollständigen Sie die beiden Aussagen dazu.

Ein Hersteller hat am Markt Vorteile, wenn er z. B. den Preis des Produkts bei ________________

Qualität senken kann oder bei gleichbleibendem Preis die Produktqualität ________________.

6. **a)** Entscheidet der Produzent oder der Kunde darüber, ob ein Produkt von hoher Qualität ist?

b) Nennen Sie drei Kriterien, die bei der Beurteilung der Produktqualität herangezogen werden.

Name:	Klasse:	Datum:

S. 517-558

Einflussfaktoren auf die Qualität während der Fertigung

1. Nennen Sie drei Faktoren, die im **Verantwortungsbereich jedes Mitarbeiters** liegen und die die Qualität ihrer Produkte unmittelbar beeinflussen.

2. Nennen Sie drei Faktoren, die im **Verantwortungsbereich des Betriebs** liegen und die die Qualität der Produkte unmittelbar beeinflussen.

3. Die Umsetzung eines **Verbesserungsvorschlags** erfolgt in vier Schritten. Welche Maßnahmen enthalten die vier Schritte? Tragen Sie diese in das Diagramm ein.

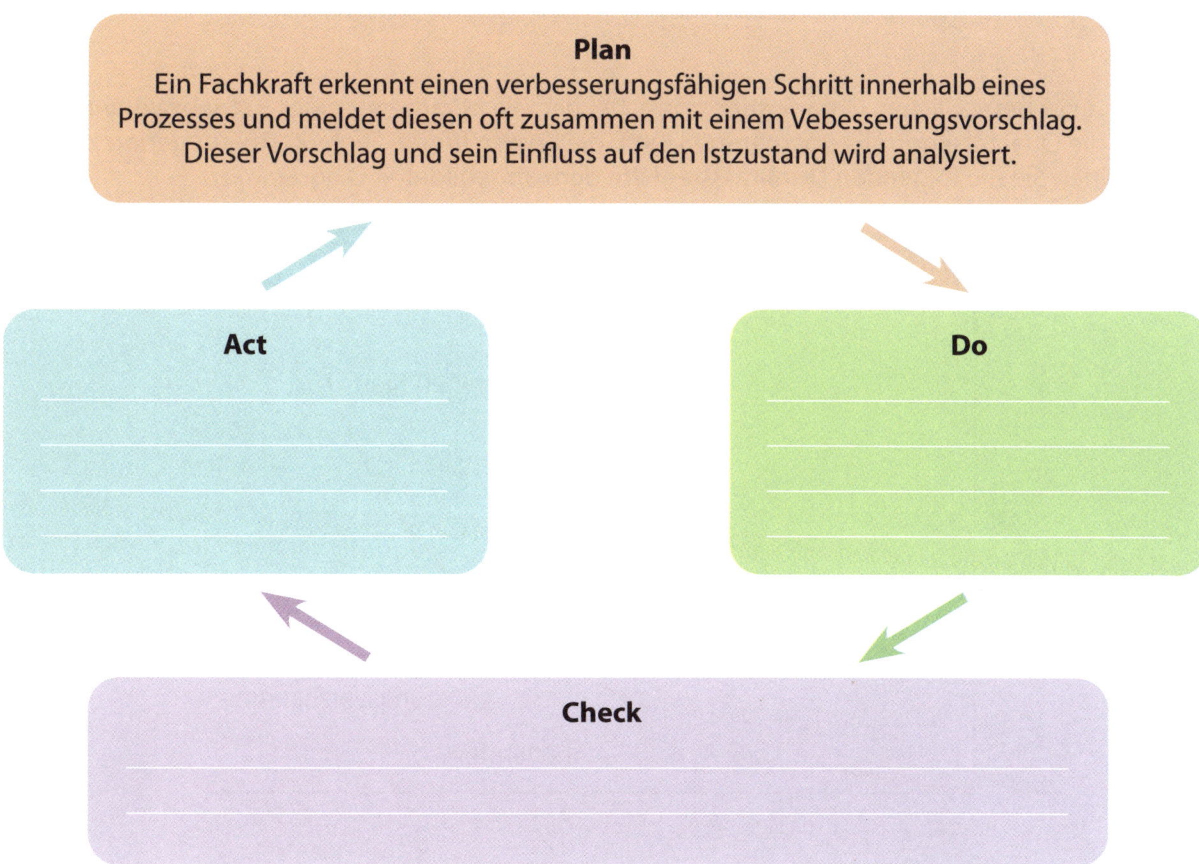

Name:	Klasse:	Datum:

S. 517–558

4. Um Fehler in der Fertigung besser eingrenzen zu können, werden in Firmen sogenannte FMEA-Teams gebildet. Erläutern Sie die Bedeutung des Begriffs **FMEA** und dessen Umsetzung anhand des Beispiels.

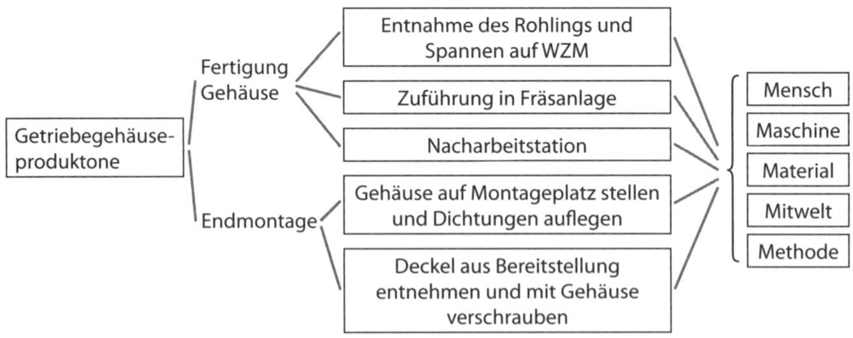

Merke

In vielen Betrieben bringen Fachkräfte aus der Fertigung und der Montage wichtige Verbesserungsvorschläge ein, die auch umsetzbar sind. Wird dies in einer Firma zu einer klar geregelten Methode, wird von einem ______________________________ (**KVP**) gesprochen.

5. Bei einer betrieblichen Organisationsform, bei der alle Mitarbeiter eines Betriebs Verantwortung für die Qualitätskontrolle übernehmen, hilft, die Kosten für die Fehlerkorrektur gering zu halten. Ordnen Sie die folgenden **Qualitätsbegriffe** dem abgebildeten Diagramm zu.

Produktidee, Serie, Imageverlust, Vorserie, Entwicklung, Fertigung, Änderung Prototyp, Verzugskosten, Entwurfsänderung, Fehlerbehebungskosten

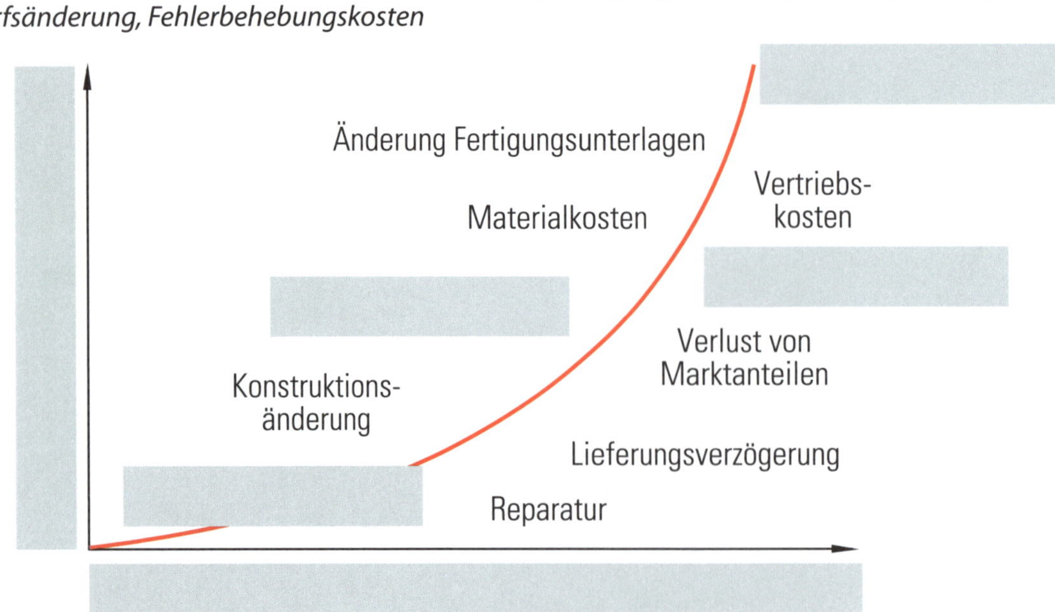

Name:	Klasse:	Datum:

Merke

Die **Fehlerbehebungskosten** ______________, je ______________ der Fehler in der Entwicklung und Herstellung eines Produkts erkannt wird.

6. Nehmen Sie Stellung zu der Aussage: *„Eine **Null-Fehler-Produktion** ist nicht machbar."*

7. Formulieren Sie eine Aussage, die den Inhalt des Bilds in Zusammenhang mit Toleranzen in der Fertigung und dem Begriff der Qualität bringt.

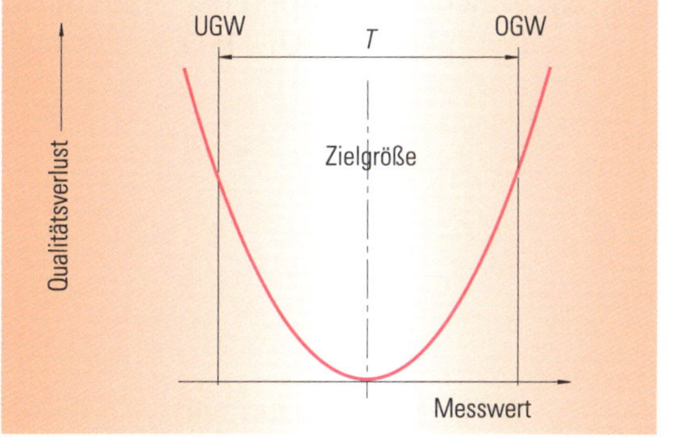

Qualitätsmanagementsysteme

Merke

Qualitätsmanagementsysteme (QM-Systeme) sind für die Festlegung der Qualitätsziele sowie für die Umsetzung dieser Ziele verantwortlich. Die Verantwortung für das Qualitätsmanagement liegt bei der ______________________.

1. Neben den Kundenwünschen sind für ein Qualitätsmanagement auch andere Aspekte zu berücksichtigen. Nennen Sie drei weitere Aspekte.

2. Wer ist für die Realisierung aller Qualitätsbestrebungen und die damit verbundenen Tätigkeiten verantwortlich?

Name:	Klasse:	Datum:

S. 517–558

3. Wessen Wünsche und Bedürfnisse werden in einem umfassenden Qualitätskonzept berücksichtigt?

4. In welchen vier Bereichen werden durch das Qualitätsmanagement Qualitätsziele definiert und Aufgaben übernommen?

5. **a)** Welche Bedeutung hat es für die Kunden, wenn ein Hersteller eines Produkts nach **DIN ISO 9001** zertifiziert ist?

b) Welche Bedeutung haben in diesem Zusammenhang die durchgeführten **Audits**?

6. Erläutern Sie den Begriff **Total Quality Management**.

7. Warum ist es für eine Firma wichtig, dass die gefertigten Produkte langfristig von hoher **Qualität** sind?

Name:	Klasse:	Datum:

Prüfmerkmale

Qualitätsmerkmale sind Eigenschaften, die ein Bauteil, eine Baugruppe oder eine Maschine besitzen muss, um den Anforderungen oder den Erwartungen der Kunden zu genügen. Sie sind sorgfältig zu überprüfen. Aus der Sicht der Prüftechnik sind es **Prüfmerkmale**, die zu erfassen, auszuwerten, darzustellen und zu dokumentieren sind.

1. Wer legt die Prüfmerkmale fest?

2. Warum werden die **Prüfmerkmale** für ein Werkstück in verschiedene Gruppen eingeteilt?

3. Geben Sie Beispiele für Prüfmerkmale, die in ihrem Betrieb überprüft werden.

4. Bei der Einteilung der Prüfmerkmale in die Gruppen der **attributiven Merkmale** wird zwischen den Merkmalen mit und ohne **Ordnungsbeziehung** unterschieden. Erläutern Sie den Unterschied dieser beiden Gruppen und geben Sie je ein Beispiel.

Name:	Klasse:	Datum:

S. 517–558

Merke

Die ____________ Prüfmerkmale sind stets zähl- bzw. messbar. Dabei bestehen die __________________ Merkmale immer aus einem beliebigen Messwert. Das heißt, das Prüfmerkmal hat einen Zahlenwert und eine __________. ______________ Prüfmerkmale haben dagegen nur einen ganzzahligen Wert.

5. Ordnen Sie den gegebenen Beispielen die im Merke-Kasten genannten Begriffe zu.

Länge eines Bauteils → ______

Seiten eines Würfels → ______

Anzahl der Lackschichten → ______

Einhärtetiefe eines Bauteils → ______

6. Welche Prüfmerkmale eines Bauteils werden in einem **Prüfplan** festgehalten und welche Prüfmittel werden zusätzlich aufgeführt?

7. Welches der abgebildeten Messgeräte ist zu verwenden, wenn der Skalenteilungswert des Messgeräts 5 % der Toleranz $T = 36$ µm betragen soll? Kreuzen Sie an und begründen Sie ihre Entscheidung durch die Berechnung des Skalenteilungswerts.

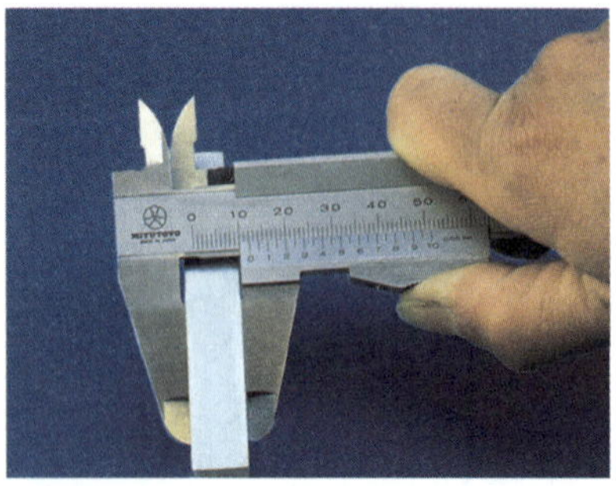

☐

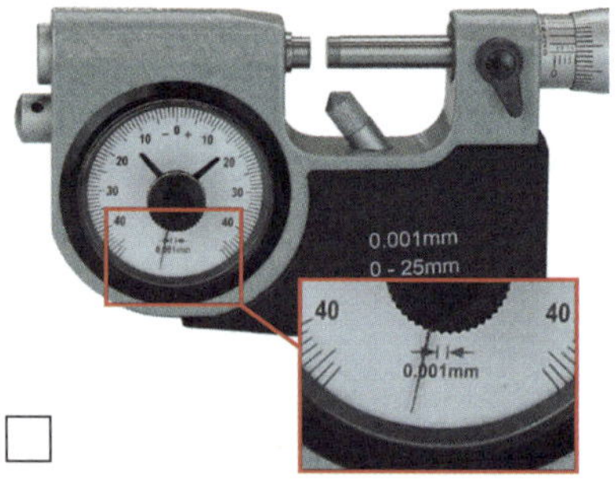

☐

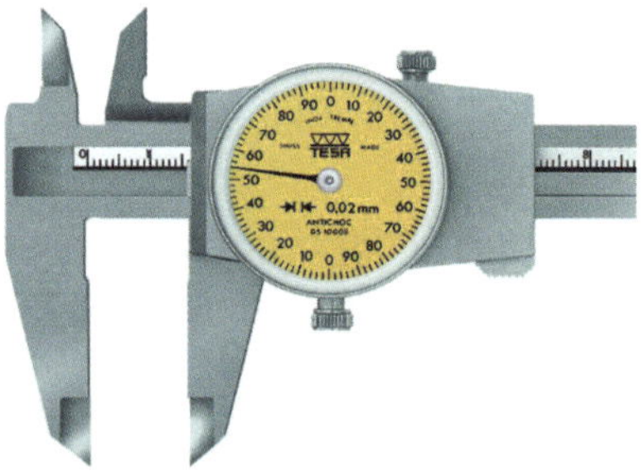

☐

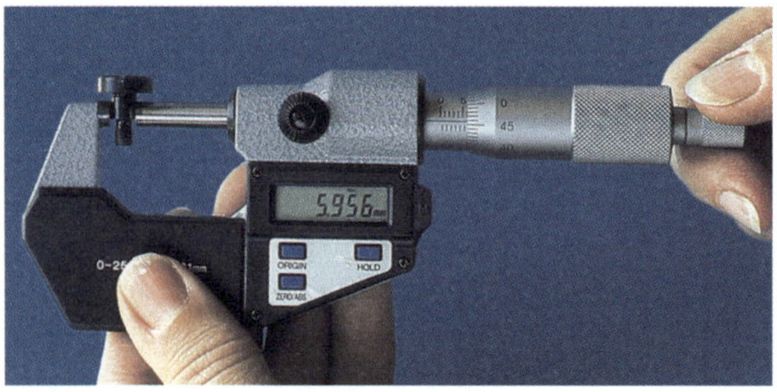

☐

Name:	Klasse:	Datum:

8. Durch wen werden die Bedingungen festgelegt, nach denen die Messmittel ausgewählt und getestet werden?

Merke

Bei Mess- und Prüfmitteln ist an den Berührungsflächen mit dem Werkstück und an den Führungsflächen mit leichtem ________________ zu rechnen. Die Mess- und Prüfmittel müssen deshalb regelmäßig ________________ werden.

9. Ist ein Betrieb nach DIN EN ISO 9001 zertifiziert, müssen die Mess- und Prüfmittel von autorisierten Prüffirmen überwacht werden. Wer ist für die Organisation dieser Überprüfung verantwortlich?

Prozessqualität

1. Nennen Sie vier Ziele, die eine Fertigung in Bezug auf die Prozessqualität erreichen muss.

2. Welche Rahmenbedingungen müssen mit Bezug auf die Maschinen und die Terminplanung gegeben sein, um eine hohe Prozessqualität zu erreichen?

Merke

Bevor die **Prozessfähigkeit** einer Fertigungseinrichtung festgestellt wird und ständig nachgewiesen werden kann, wird zunächst die ______________________ festgestellt. Durch statistische Methoden kann die zum Einsatz kommende Maschine beurteilt werden. Dabei kann von einer kleinen Stückzahl an Prüfstücken auf eine _______________ geschlossen werden. Es ist dabei zu beachten, dass die Messergebnisse genau und zuverlässig sind. Eine statistische Auswertung in der Serienfertigung ist nur sinnvoll, wenn die Messwerte _________________ werden.

Name:	Klasse:	Datum:

S. 517–558

Statistik in der Fertigungstechnik

Urwertliste und Histogramm

Merke

Um den Aufwand und die Kosten für die Qualitätssicherung gering zu halten, werden bei kleineren und mittleren Serien oft alle (**100%-Kontrolle**), bei Serienfertigung jedoch nur ein Teil der Produkte (**Stichproben**) geprüft.

1. Werden in einer Serienfertigung nur Stichproben geprüft, werden die Messergebnisse ______ ausgewertet. Dadurch erhält man wichtige Informationen über den Fertigungsprozess. Dabei gilt je ______ Messwerte zur Verfügung stehen, desto ______ werden die statistischen Aussagen und die Überwachung des Fertigungsprozesses.

2. Die Auswertung der Messwerte führt zu Grafiken und Kennzahlen. Nennen Sie zwei wichtige **grafische Darstellungsformen**.

3. Erläutern Sie den Begriff der **Urwertliste**.

4. Die Zahlenkolonen der Urwertlisten sind wenig aussagekräftig. Eine **Urwertkarte** stellt die Werte der Urwertliste grafisch dar und ermöglicht so eine erste Einschätzung der (Stich-)probenmesswerte. Eine deutlich anschaulichere Darstellung ist mithilfe von **Histogrammen** möglich. Beschreiben Sie in welchen Schritten ein solches Histogramm erstellt wird.

Messwerte Urwertliste	Die Urweteliste enthält alle Messwerte in der Reihenfolge ihrer Aufnahme.

Name:	Klasse:	Datum:

S. 517-558

5. Im Rahmen der Qualitätssicherung und auf Basis der unten dargestellten Urwerteliste, soll in den folgenden Aufgaben ein Histogramm entsprechend des in Aufgabe 4 dargestellten Ablaufs erstellt werden. Die Werte beziehen sich auf den Durchmesser 35k6 der dargestellten Antriebswelle. Ergänzen Sie die Darstellung der Messwerte im Wertestrahl.

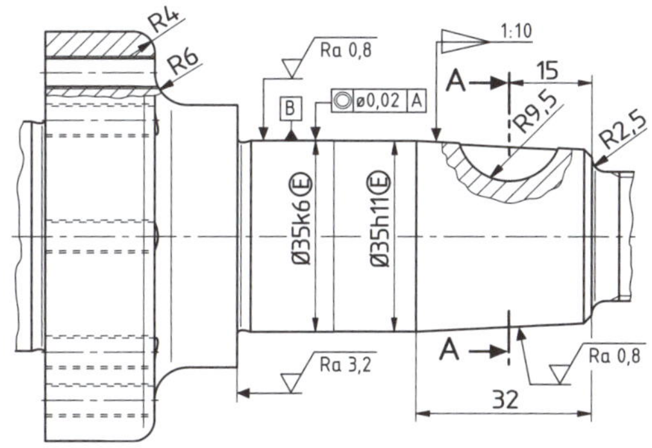

Urwerteliste (Abmaße in µm)									
Nr.	in µm	Nr.	in µm	Nr.	in µm	Nr.	in µm	Nr.	in µm
1	10	11	9	21	11	31	15	41	9
2	12	12	10	22	12	32	7	42	12
3	11	13	13	23	13	33	12	43	8
4	4	14	8	24	8	34	8	44	9
5	8	15	11	25	10	35	11	45	11
6	8	16	15	26	12	36	5	46	14
7	14	17	9	27	12	37	6	47	8
8	11	18	10	28	6	38	10	48	13
9	12	19	6	29	11	39	11	49	11
10	9	20	11	30	7	40	9	50	10

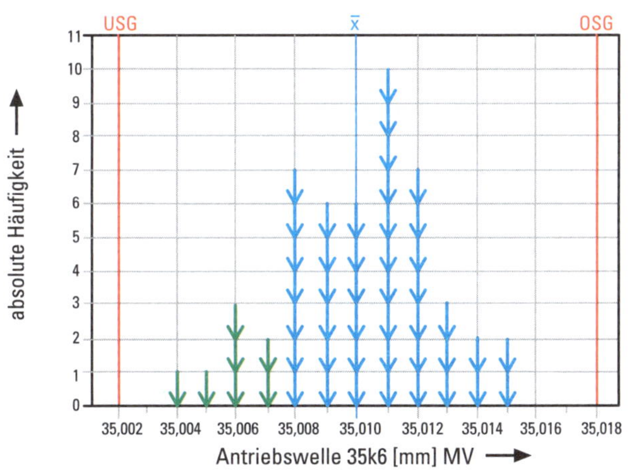

Spannweite *R*

Anzahl der Klassen *k* Klassenweite *W*

a) Bestimmen Sie die **Spannweite *R*** und die **Anzahl der Klassen k** und die **Klassenweite *W*** mithilfe des Tabellenbuchs[1].

1 Die Bestimmung der Anzahl der Klassen kann nach verschiedenen Berechnungen erfolgen. Daraus resultiert, dass für ein und die gleiche Messwertreihe verschiedene Histogramme entstehen können.

Name:	Klasse:	Datum:

S. 517–558

b) Bilden Sie mithilfe des Tabellenbuchs (Seite ______ und ______) die **Klassen** und weisen Sie diesen die absoluten Häufigkeiten[2] zu.

Klassen	Klassen	Häufigkeiten
1. Klasse		
2. Klasse		
3. Klasse		
4. Klasse		
5. Klasse		
6. Klasse		
7. Klasse		

c) Erstellen Sie das **Histogramm** auf Basis der Häufigkeitstabelle aus Aufgabe b). Tragen Sie die absoluten Häufigkeiten oberhalb der Säulen ein. Tragen Sie zusätzlich folgende Kennwerte ein: kleinster Messwert x_{min}, größter Messwert x_{max}, Mittelwert $\bar{x}$, Toleranzmitte T_m, obere und untere Toleranzgrenze *USG* und *OSG*.

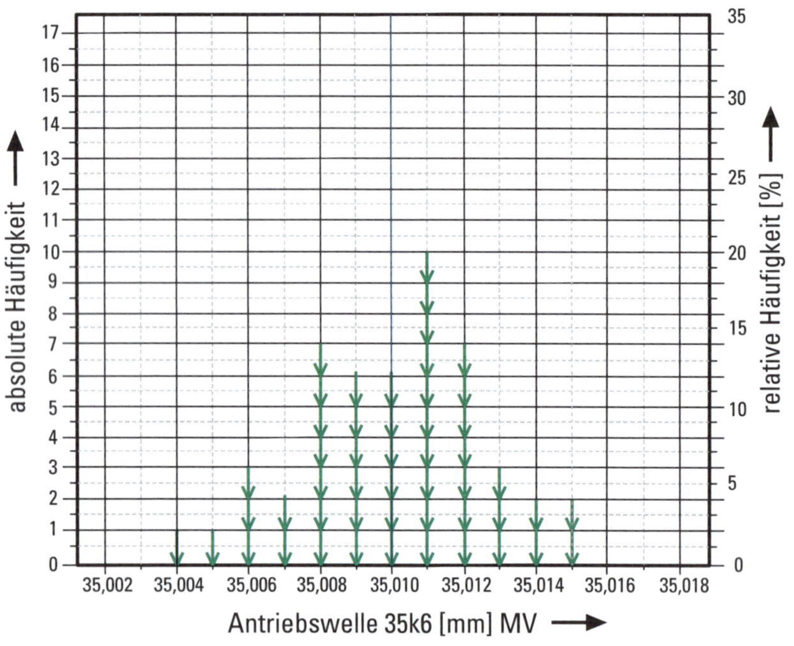

d) Beurteilen Sie das Histogramm.

2 Messwerte auf den Klassengrenzen werden der nächsthöheren Klasse zugeordnet.

Name:	Klasse:	Datum:

6. Bestimmen Sie mithilfe des Tabellenbuchs (S.) den **Stichprobenumfang *n*** für die folgenden Lieferumfänge *N* bei einem Prüfniveau von II.

Lieferumfang *N*	$N = 15$	$N = 26$	$N = 100$
Stichprobenumfang *n*			

7. Wie verändern sich qualitativ die **Stichprobenumfänge *n*** der Aufgabe 6, wenn das Prüfniveau III gilt?

8. Bewerten Sie die abgebildeten Histogramme. Machen Sie Aussagen zur Lage des Mittelwerts (im Bild rot), der Lage und Größe der Spannweite und den Zustand der Fertigung.

	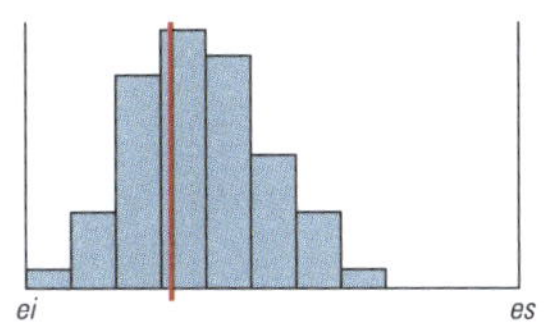	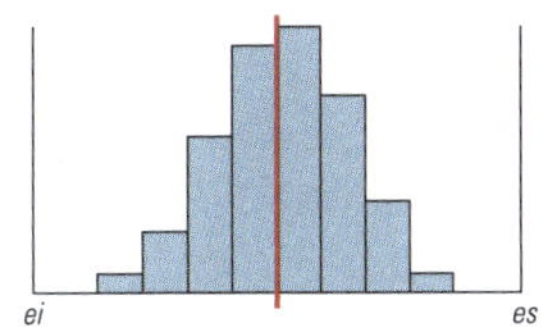	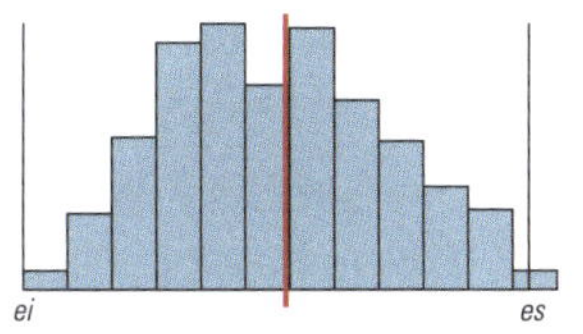
Mittelwert			
Spannweite			
Qualität der Fertigung			

9. Begründen Sie, warum das mittlere Histogramm in Aufgabe 8 die qualitativ beste Fertigung abbildet.

10. Nennen Sie je einen Vorteil und einen Nachteil der grafischen Darstellung mittels eines Histogramms.

Vorteil:

Nachteil:

Name:	Klasse:	Datum:

S. 517–558

Vom Histogramm zur Gaußkurve und Kennwerten

Merke

Die Abweichungen der Messwerte von dem zu erwartenden Mittelwert lassen sich durch die **Gaußkurve** mit einer sehr guten Näherung beschreiben. Die Berechnung der Kennwerte ist nur dann sinnvoll, wenn bei den Messwerten des Stichprobenumfangs eine ________________ vorliegt.

1. Sind die getroffenen Aussagen zur Gaußkurve richtig (r) oder falsch (f)? Kreuzen Sie an.

Die Unterschiede der linken und rechten Seite in einem Histogramm werden durch die Gaußkurve wiedergegeben.	☐ r ☐ f	Die Gaußkurve gibt eine Prognose auf Basis der Stichprobenwerte, wie sich eine hohe Stückzahl an Messwerten im Toleranzfeld verteilen.	☐ r ☐ f
Mithilfe der Gaußkurve ist es möglich, die Maschinenfähigkeit oder die Prozessfähigkeit zu ermitteln.	☐ r ☐ f	Die Gaußkurve bildet die Verteilung der Messwertergebnisse der Stichproben genau ab.	☐ r ☐ f
Die Gaußkurve stellt ausschließlich die Maße der Werkstücke aus der Urwertliste dar.	☐ r ☐ f	Die Gaußkurve ist eine Projektion in die Zukunft. Sie nutzt das Gesetz der Normalverteilung, um eine Prognose für die bevorstehende Produktion zu stellen.	☐ r ☐ f
Mithilfe der Gaußkurve kann der zu erwartende Ausschussanteil ermittelt werden.	☐ r ☐ f	Bei der Gaußkurve sind die Treppenstufen und die Unterschiede zwischen der linken und rechten Seite des Histogramms eingeebnet und geglättet.	☐ r ☐ f

2. Welche drei **Kennzahlenzahlen** legen die Form und Lage der Gaußkurve fest?

____

____

s der Stichprobe

ist ein Kennwert für die Streuung der Messwerte umdenMittelwert $\bar{x}$
- bei kleiner Streuung ist s ________
- bei großer Streuung ist s ________

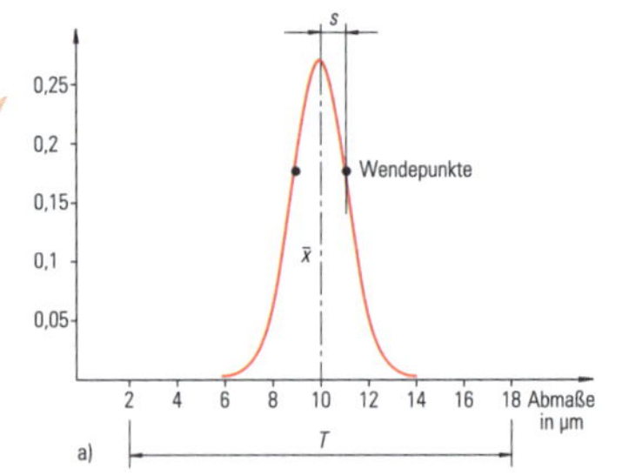

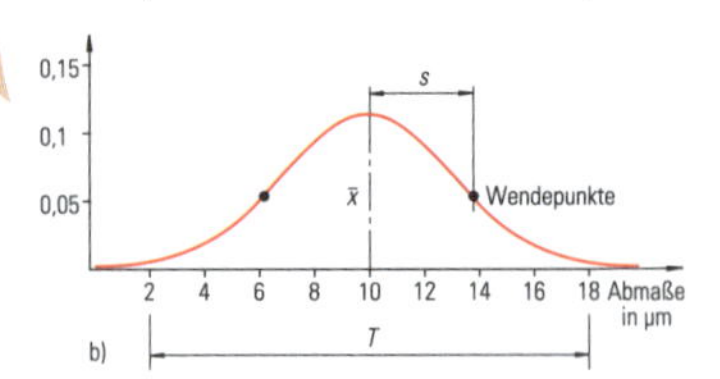

____

$\bar{x}$

- ist das arithmetische Mittel der Messwerte
- $\bar{x}$ gibt an, wo das ________ der Gaußkurve liegt
- er sollte mit der ________ übereinstimmen

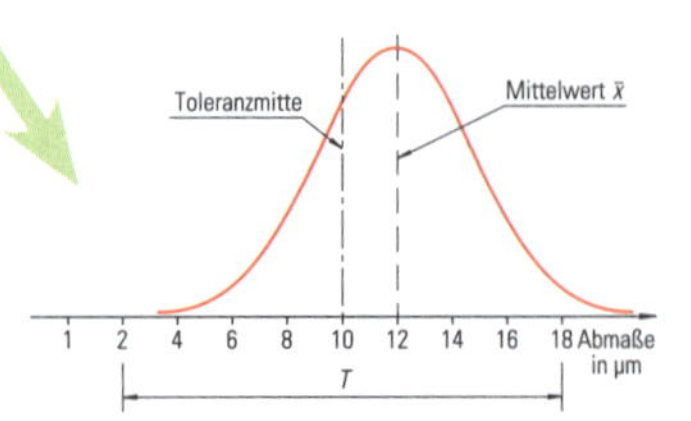

Maximum

Der Balken
- liegt in der Mitte der ________,
  bei ________ mm
- berührt oben das ________
- ist 1 µm breit

Die Gaußkurve ermöglicht die Aussage:
Rund ____ % der Werkstücke liegen mit ihrem Maß in diesem Bereich.

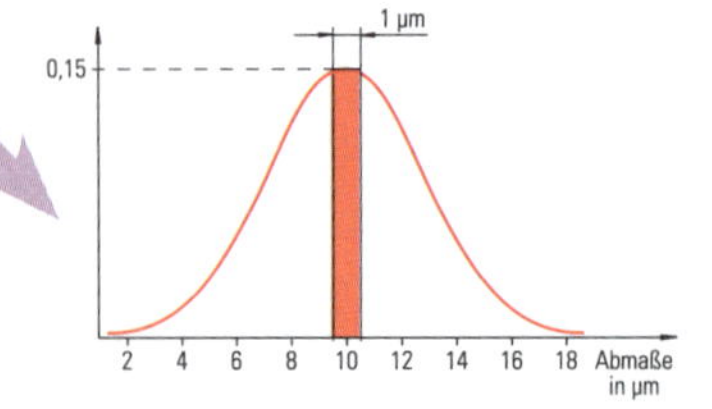

Name:	Klasse:	Datum:

3. Schlagen Sie die Formel zur Berechnung der **Standardabweichung** *s* im Tabellenbuch nach und geben Sie die Seite an.

4. Die Standardabweichung lässt sich auch geometrisch, das heißt am Aussehen der Gaußkurve beschreiben. Welchen Punkt stellt sie Standardabweichung *s* dabei dar? Lesen Sie den Wert aus der abgebildeten Gaußkurve ab.

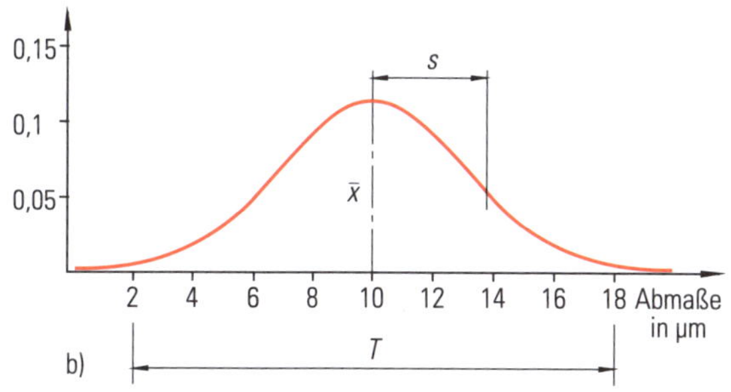

5. Im Bild rechts ist zu erkennen, dass der **Mittelwert $\bar{x}$** genau 2 µm rechts von der Toleranzmitte liegt. Warum ist diese Verschiebung des Mittelwerts $\bar{x}$ ungünstig?

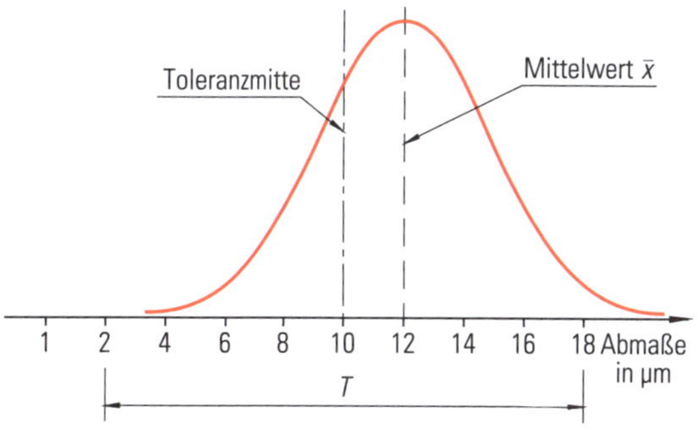

6. Begründen Sie, warum der Mittelwert $\bar{x}$ der Messwerte eines Stichprobenumfangs n in der Toleranzmitte liegen sollte.

7. Welche Aussagen zum **Kurvenmaximum** einer Gaußkurve sind richtig. Kreuzen Sie an.

Je größer der Anteil der Messwerte um den Bereich des Mittelwerts $\bar{x}$, um so <u>breiter</u> ist die Gaußkurve.	☐ richtig ☐ falsch
Je größer der Anteil der Messwerte um den Bereich des Mittelwerts $\bar{x}$, um so <u>höher</u> ist die Gaußkurve.	☐ richtig ☐ falsch
Das Maximum der Gaußkurve entspricht der Prozentzahl der Messwerte, die im Bereich 1 µm um den Mittelwert $\bar{x}$ der Gaußkurve liegen.	☐ richtig ☐ falsch

Name:	Klasse:	Datum:

8. In manchen Fällen der statistischen Auswertung ist es unklar, ob es sich um bei der Verteilung der Messwerte um eine Normalverteilung handelt. Schildern Sie eine Möglichkeit, die eine entsprechende Überprüfung zulässt.

Merke

Eine Normalverteilung liegt vor, wenn sich die in einem **Wahrscheinlichkeitsnetz** eingetragenen Punkte annähernd durch eine Gerade verbinden lassen.

9. Mithilfe eines Wahrscheinlichkeitsnetzes soll überprüft werden, ob es sich bei der Verteilung einer Stichprobe von 50 Messwerten um eine Normalverteilung handelt. Bewerten Sie das von einer Software[3] erstellte Wahrscheinlichkeitsnetz.

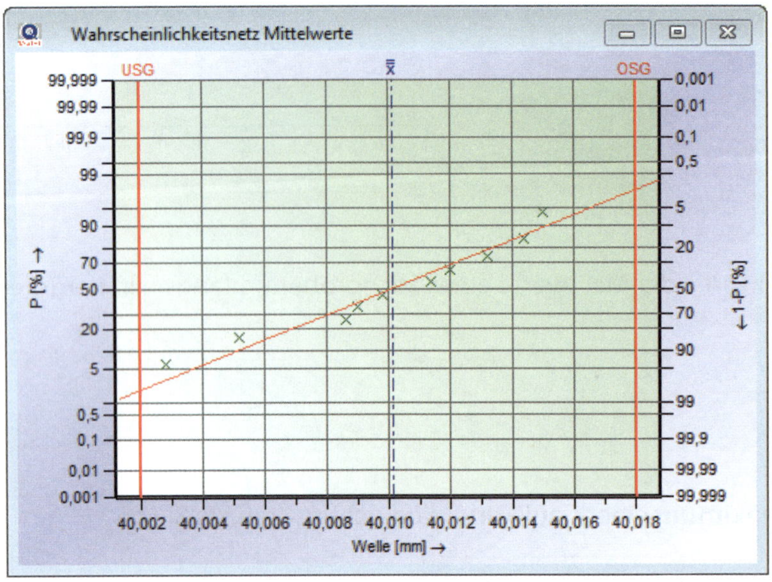

3 Anwendung: Q-DAS GmbH, Demoversion

Name:	Klasse:	Datum:

S. 517–558

Anwendung der Gaußkurve in der Fertigung

1. Die Analyse der Flächenanteile unter der Gaußkurve lässt Rückschlüsse auf den zu erwartenden Anteil von „Gut-“ und von „Ausschussteilen“ zu.

Die Gesamtfläche unter einer Gaußkurve entspricht der geprüften Werkstücke.

a) Abgegrenzte Flächen unter der Gaußkurve stellen den prozentualen Anteil der Werkstücke im Verhältnis zum Stichprobenumfang *n* dar. Welche begrenzte Fläche unter der Kurve ist für die Fertigung besonders interessant?

b) Vervollständigen Sie die folgenden Aussagen.

- Wird die Breite der begrenzten Fläche unter zwei verschiedenen Gaußkurven mit jeweils verschiedenen Standardabweichungen *s* mithilfe ein und derselben Gleichung bestimmt (z. B. $b = 2 \times s$), ist der jeweilige Flächenanteil .
- Der rechts und links liegende Anteil der Ausschussteile sollte in einer modernen überwachten Fertigung sein.

2. Für die Maschinenfähigkeit spielt der Kennwert C_m eine entscheidende Rolle. Wie ist dieser Kennwert üblicherweise rechnerisch zu bestimmen?

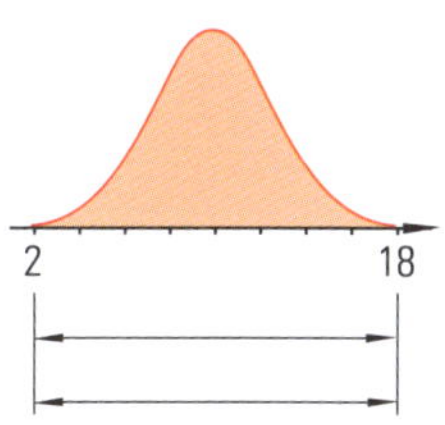

3. Bei einem **C_m-Wert** von 1 befinden sich der geprüften Werkstücke im Toleranzbereich und der Werkstücke sind Ausschuss.

Der C_m-Wert gibt damit indirekt an, mit welchem Gutanteil, bzw. mit welcher Ausschussquote in der zukünftigen Fertigung zu rechnen ist.

4. Kennzeichnen Sie unter der abgebildeten Gaußkurve die Fläche, die einem Anteil von 95,44 % der Werkstücke entspricht.

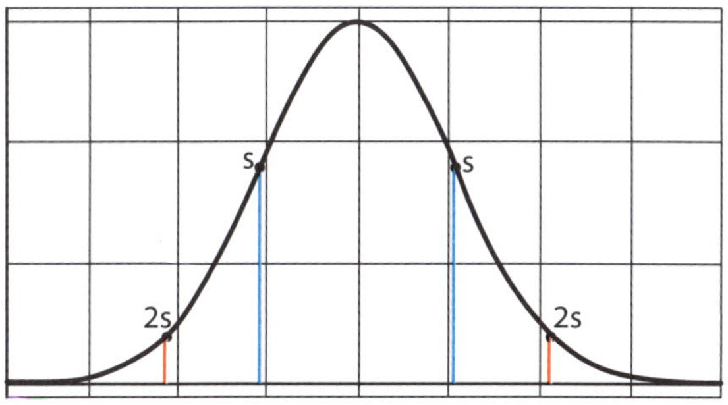

Merke

C_m hängt von der Standardabweichung *s* und der Toleranz *T* ab. Je keiner *s* ist, desto größer ist C_m. Bei einem kleinen *s*-Wert konzentrieren sich die meisten Werkstückmaße um die Toleranzmitte, die Gaußkurve ist schmal und hoch. Das ist nur mit guten bzw. sehr guten Produktionsbedingungen zu erreichen (z. B. gute Maschinen und Werkzeuge, motivierte Mitarbeiter).

Name:	Klasse:	Datum:

S. 517–558

Grundlagen der Maschinen- und Prozessfähigkeit

1. Bei idealen Fertigungsprozessen hätten alle Werkstücke annähernd das gleiche Maß (x) und lägen auf oder in unmittelbarer Nähe der Toleranzmitte (|). Die Ergebnisse und damit die Maße eines realen Fertigungsprozesses weichen jedoch von diesem Ideal ab. Skizzieren Sie zu den folgenden Beschreibungen passenden Verteilungen der Maße.

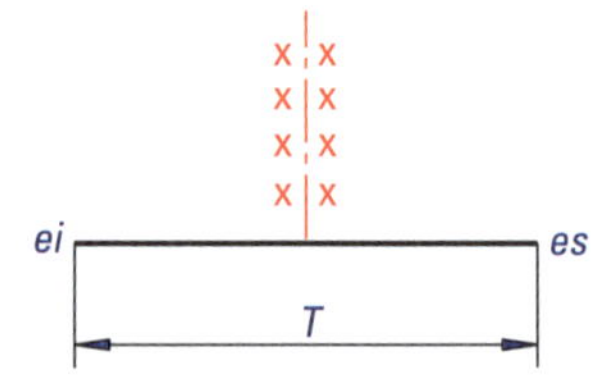

a) Die Maße streuen stark, liegen aber alle innerhalb der Toleranz *T*.

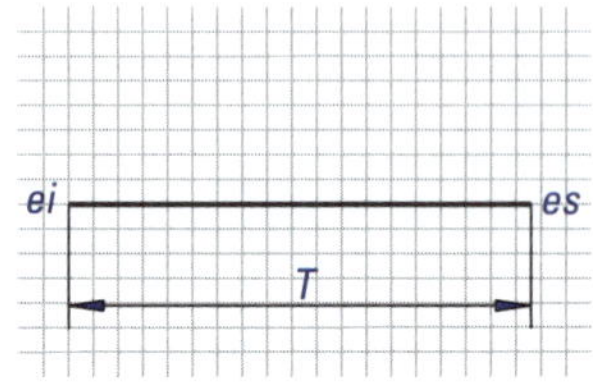

b) Die Häufung der Maße ist aus der Toleranzmitte verschoben, liegt aber innerhalb der Toleranz.

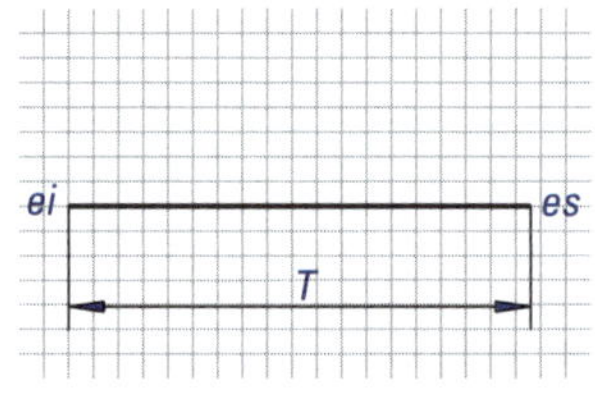

c) Der Mittelwert $\bar{x}$ aller Maße liegt ungefähr in der Mitte des Toleranzfeldes. Die Spannweite ist aber größer als das Toleranzfeld.

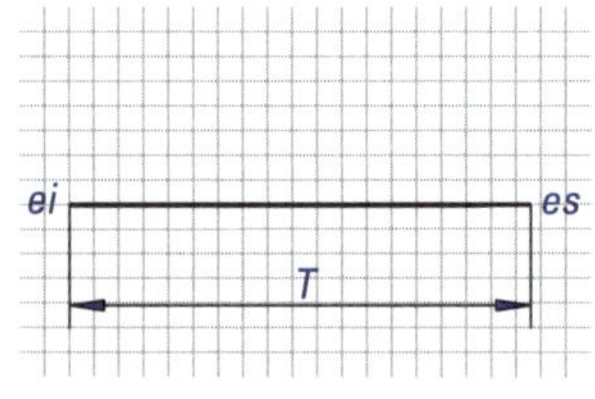

d) Während des Fertigungsprozesses wurde der Drehmeißel gewechselt.

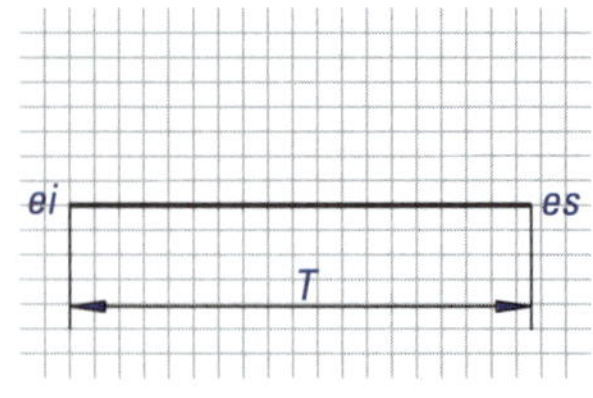

e) Verteilung der Maße einer Stichprobe, bei der der Stichprobenumfang *n* zu gering war und daher keine eindeutige Aussage über den Fertigungsprozess gemacht werden kann.

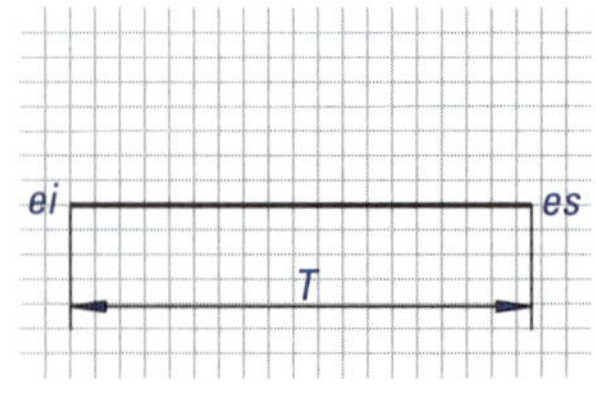

Name:	Klasse:	Datum:

Maschinenfähigkeit

1. Wofür steht die Abkürzung **MFU**?

2. Nennen Sie drei Bedingungen unter denen eine MFU durchzuführen ist.

3. Die fünf **M**s stellen Einflussgrößen der Fertigung da und müssen bei der **Maschinenfähigkeitsuntersuchung** optimiert und konstant gehalten werden. Um welche Einflussgrößen handelt es sich dabei? Ergänzen Sie die Tabelle.

Einflussgröße	Beispiel
Mensch	Erfahrung des Maschinenbedieners
(Umwelt)	

Merke

Ausschlaggebend für die Berechnung der **Maschinenfähigkeit** ist die ________________. Dabei wird mithilfe der Standardabweichung *s* und der Toleranz *T* der Flächenanteil des durch die Standardabweichung begrenzten Bereichs bestimmt.

4. Auf welche beiden Kennwerte stützt sich die Beurteilung der Maschinenfähigkeit?

Merke

Für die **Maschinenfähigkeitsuntersuchung** wird der C_m-Wert vom Qualitätsmanagement oder dem ________________ vorgegeben und muss mindestens erreicht oder gar ________________ werden.

Name:	Klasse:	Datum:

5. Die Antriebswelle (Seite 135 Aufgabe 5) wird am Durchmesser 35k6 längsrundgedreht.

a) Bestimmen Sie die Maschinenfähigkeit der Drehmaschine, wenn der C_m-Wert von 1,8 vorgegeben ist und die Standardabweichung $s = 2{,}506$ beträgt.

b) Wäre eine Fertigung mit der Drehmaschine und dem in Aufgabe a) berechneten C_m-Wert möglich?

c) Da der geforderte C_m-Wert von der Drehmaschine nicht erreicht wird, muss das Werkstück geschliffen werden. Bestimmen Sie die Maschinenfähigkeit der Schleifmaschine, wenn der C_m-Wert von 1,8 vorgegeben ist und die Standardabweichung $s = 1{,}435$ beträgt.

6. Was ist zu tun, wenn der für eine Maschine ermittelte Kennwert C_m stark von den Angaben des Maschinenherstellers abweicht?

Merke

Wenn die C_m-Bedingung erfüllt ist, spricht man von einer **fähigen Maschine**. *Fähig* bedeutet, dass die Streuung der Messwerte um den Mittelwert sehr klein ist.

Name:	Klasse:	Datum:

7. Selbst dann, wenn ein guter Cm-Wert als Maß für die Streuung der Messwerte vorliegt, ist noch eine zweite Fehlerquelle zu untersuchen. Beschreiben Sie anhand der Abbildung eines beliebigen Fertigungsprozesses, um welchen Wert es sich dabei handelt.

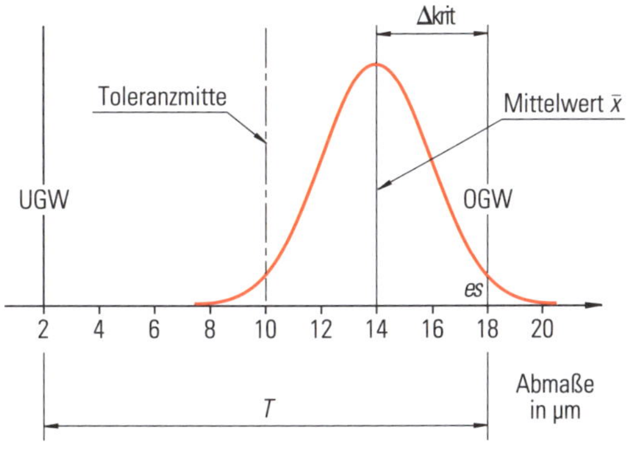

8. **a)** Welche Kennzahl trifft eine Aussage über die Verschiebung des Mittelwertes $\bar{x}$ aus der Toleranzmitte?

b) Wie erfolgt die Berechnung des C_{mk}-Werts?

Merke

Wenn der vorgegebene C_{mk}-Wert von der Maschine erreicht oder übertroffen wird, spricht man von einer *beherrschten* Maschine.

Name:	Klasse:	Datum:

9. **a)** Beurteilen Sie, ob die Schleifmaschine aus Aufgabe 5c) fähig ist, wenn die Vorgabe für den C_{mk}-Wert = 1,75 lautet und Mittelwert $\bar{x}$ = 10,02 µm beträgt.

b) Hat die Schleifmaschine die Maschinenfähigkeitsuntersuchung bestanden?

10. **a)** Durch die Auswertung eines Wahrscheinlichkeitsnetzes ist es möglich, über folgende Kriterien Aussagen zu treffen:

- ob eine Normalverteilung nach Gauß vorliegt

b) Aus dem Wahrscheinlichkeitsnetz können jedoch nicht die folgenden Kennwerte abgelesen werden und müssen rechnerunterstützt berechnet werden:

Merke

Die Berechnung des C_m-Werte und C_{mk}-Werte in einer Serienfertigung erfolgt meist mithilfe von Computern und speziellen Softwareprogrammen. Diese Programme weisen bei der Berechnung auch ________________ *s*, die ________________ in % und ________________ (ppm) aus.

Name:	Klasse:	Datum:

Prozessfähigkeit

Merke

Die **Prozessfähigkeit** wird auf Grundlage der ______________________ festgestellt. Sie gliedert sich in __________ Abschnitte. Zunächst wird die ______________________________ in einer Testphase unter Produktionsbedingungen ermittelt. Wenn die Fertigung freigegeben ist, erfolgt die Prüfung der ______________________________ während der __________fertigung. Sie ist also immer wieder nachzuweisen.

1. Sind die geforderten Fähigkeitswerte bei der Maschinenfähigkeitsuntersuchung oder bei den Prozessfähigkeitsuntersuchungen (PFU) am größten?

2. Begründen Sie, bei welcher Untersuchung die ermittelten Werte, die sich auf die spätere Produktqualität beziehen, am wenigsten aussagekräftig sind.

3. Bei welchen Untersuchungen werden die Einflussgrößen (5Ms) und Störgrößen nicht eliminiert und können das Ergebnis der Untersuchung beeinflussen? Kreuzen Sie an.

Maschinenfähigkeitsuntersuchung ☐

vorläufige Prozessfähigkeitsuntersuchung ☐

ständige Prozessfähigkeitsuntersuchungen ☐

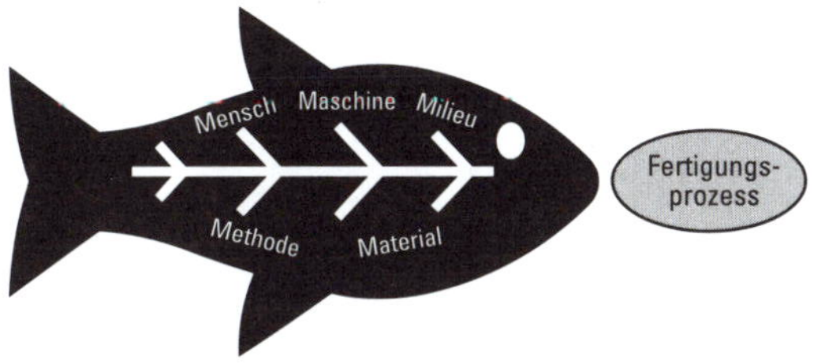

4. Wie groß ist in der Regel der Mindestumfang der Bauteile bei der MFU und den beiden Prozessfähigkeitsuntersuchungen?

Maschinenfähigkeitsuntersuchung

vorläufige Prozessfähigkeitsuntersuchung

ständige Prozessfähigkeitsuntersuchungen

Name:	Klasse:	Datum:

S. 517–558

5. Formulieren Sie in eigenen Worten, was es heißt, wenn ein Prozess beherrscht aber nicht fähig ist. Erstellen Sie eine Skizze, die Ihre Aussage ergänzt.

Merke

Es ist sinnvoll, den Prozess nicht nur mit den **Fähigkeitskennwerten** (P_p, P_{pk} bzw. C_p und C_{pk}) zu beurteilen, sondern auch grafische Darstellungen zu verwenden, wie z. B. Histogramm, Gaußkurve, Urwertkarte, Qualitätsregelkarte und Wahrscheinlichkeitsnetz.

6. Skizzieren Sie die drei exemplarische Gaußkurven, aus denen die folgenden Aussagen abgeleitet sind.

Gaußkurve 1. Stichprobe	Gaußkurve 2. Stichprobe	Gaußkurve 3. Stichprobe	Aussage
	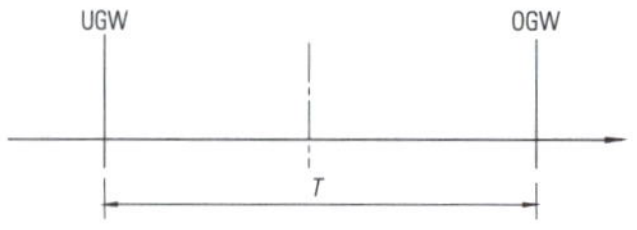	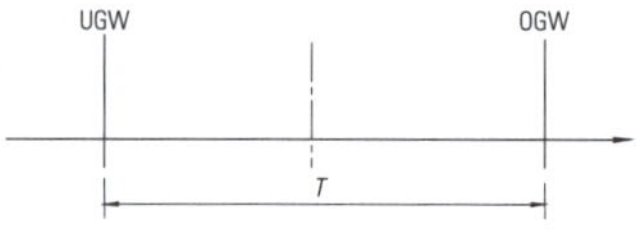	Der Prozess ist fähig aber nicht beherrscht.
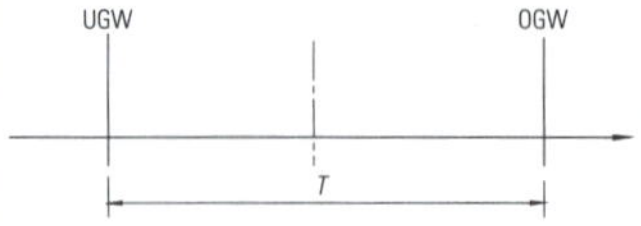	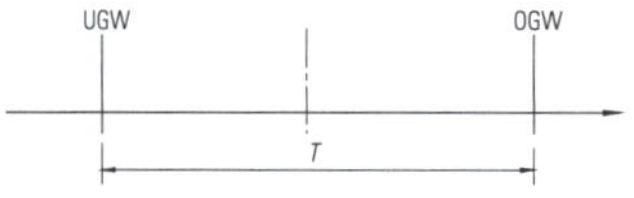	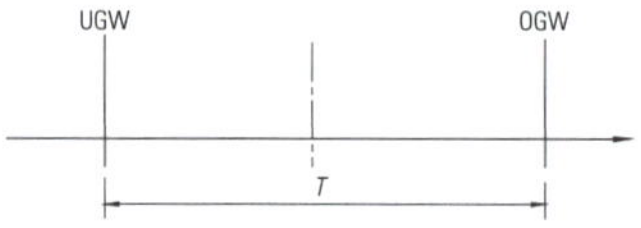	Der Prozess ist nicht fähig aber beherrscht.
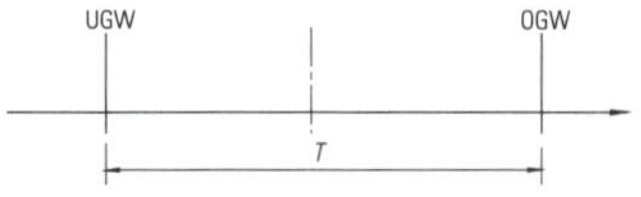	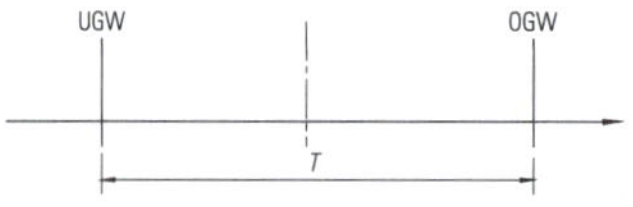	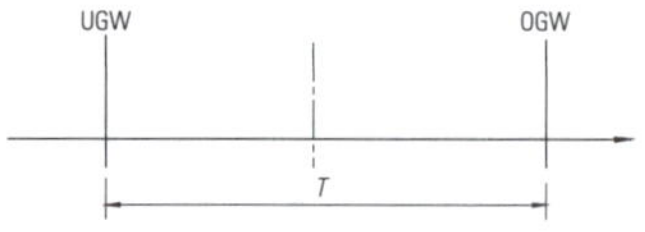	Der Prozess ist fähig und beherrscht.
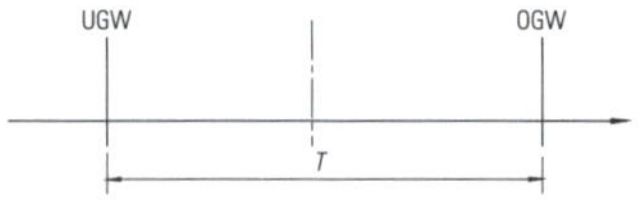	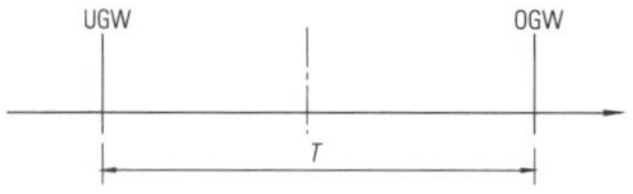	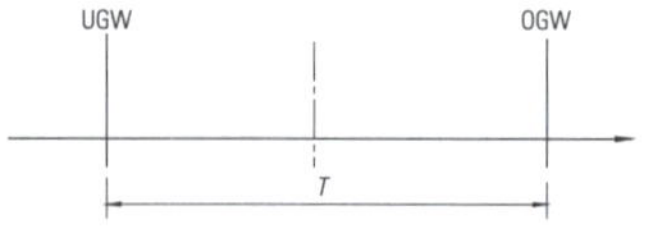	Der Prozess ist nicht fähig und nicht beherrscht.

7. Was wird in eine **Urwertkarte** eingetragen und welche Erkenntnisse kann man aus ihr gewinnen?

Name:	Klasse:	Datum:

8. In welcher Stichprobe der abgebildeten Urwertkarte sind,

… die Streuung und die Lage des Mittelwerts prinzipiell unauffällig ➔

… die Streuung tendenziell groß ➔

… die Messwerte zu nahe an den Eingriffsgrenzen ➔

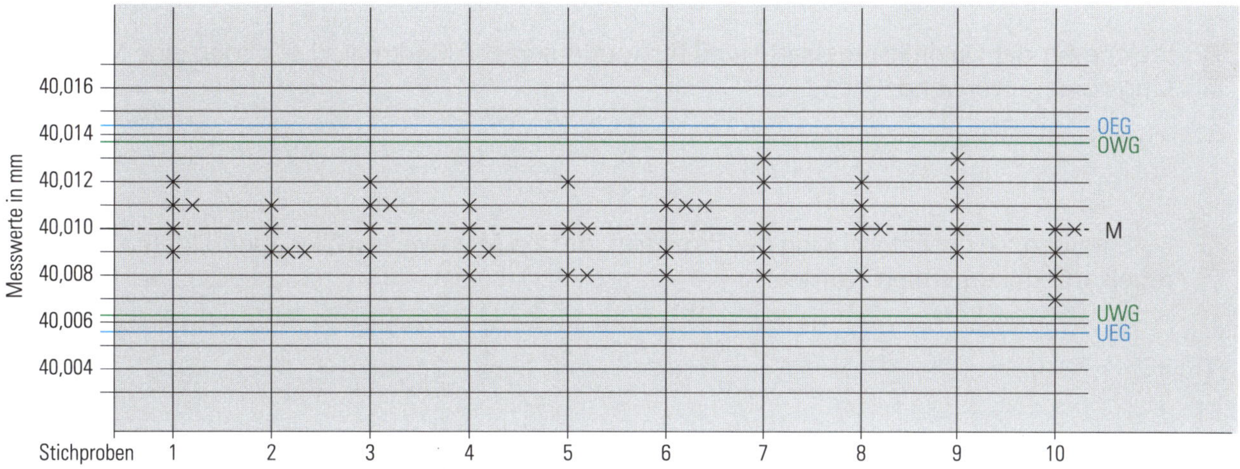

Merke

In einer **Qualitätsregelkarte (QRK)** werden die ____________ und die ________ der Messwerte von verschiedenen Stichproben eines Prozesses dokumentiert. Dadurch lässt sich die Prozessentwicklung ______________.

9. Zum Aufzeichnen und Beurteilen der Prozessentwicklung sind die Streuung und die Lage der Messwerte zu dokumentieren. Deshalb enthält eine Qualitätsregelkarte zwei Bereiche, in denen diese Kennwerte getrennt angegeben werden. Nennen Sie zwei Kennwerte für die Lage und zwei Kennwerte für die Streuung der dokumentierten Messwerte.

10. Welcher Messwert einer Stichprobenreihe stellt den **Median**[4] $\tilde{x}$ dar? Wie lautet dieser für die Messwerte in Aufgabe 5 auf Seite 135?

4 Der Median wird auch Zentralwert genannt. Wenn der Stichprobenumfang *n* geradzahlig ist, dann ist der Stichprobenmedian der Mittelwert aus (n/2)-ten und dem (n+1)/2-ten Messwert.

Name:	Klasse:	Datum:

S. 517–558

11. Bringen Sie mithilfe des Internets in Erfahrung, was die Begrifflichkeit **kontinuierliche Merkmale** bedeutet (siehe Fachkundebuch S. 546).

12. Welche Art der Qualitätsregelkarte wird für kontinuierliche Merkmale, bei denen eine Normalverteilung vorliegt, verwendet?

13. Beschreiben Sie die Entwicklung des Prozesses, dessen Messwerte in der abgebildeten $\bar{x}/s$-Qualitätsregelkarte dokumentiert wurden.

Prüfmerkmal: Durchmesser					Kontrollmaß: 40k6					
Stichprobenumfang: $n = 5$					Kontrollintervall: 60 min					
Messwerte in mm: x_1 in mm	40,009	40,010	40,012	40,008	40,012	40,011	40,013	40,010	40,013	40,009
x_2 in mm	40,010	40,011	40,011	40,009	40,008	40,008	40,009	40,008	40,009	40,008
x_3 in mm	40,011	40,009	40,011	40,010	40,008	40,011	40,012	40,012	40,011	40,007
x_4 in mm	40,011	40,009	40,010	40,009	40,010	40,011	40,010	40,010	40,012	40,010
x_5 in mm	40,012	40,009	40,009	40,011	40,010	40,009	40,008	40,011	40,010	40,010
$\bar{x}$ in mm	40,0106	40,0096	40,0106	40,0094	40,0096	40,0100	40,0104	40,0102	40,0110	40,0088
s in µm	1,140	0,894	1,140	1,140	1,673	1,414	2,073	1,483	1,581	1,304

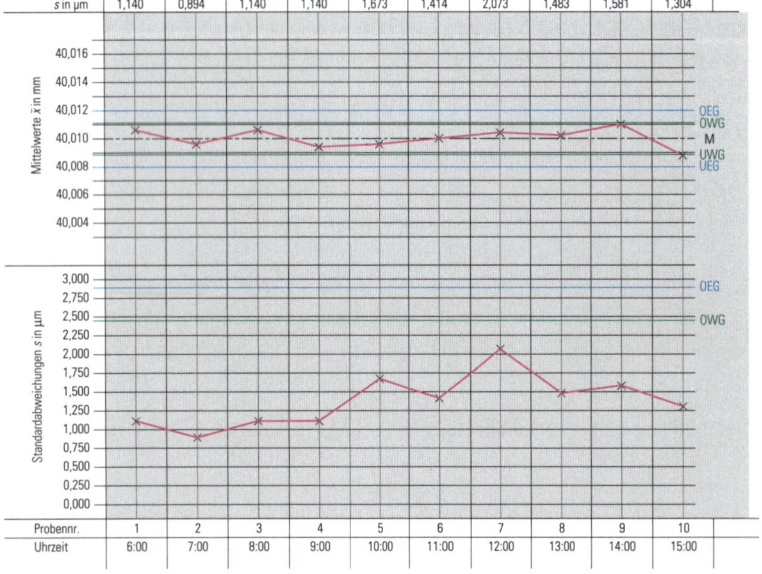

Merke

Durch die grafische Darstellung der beiden Kennwerte $\bar{x}$ und s kann der zugrundeliegende Prozess beurteilt werden. Es fällt z. B. auf, wenn die Werte allmählich in eine Richtung driften oder wenn die Werte sehr stark springen. Die **Eingriffsgrenzen** und **Warngrenzen** sind mit den Messwerten nach festgelegten Formeln[5] berechnet worden. Meistens übernehmen Computerprogramme diese Aufgabe.

5 Vgl. Tabellenbuch Seite F109

Name:	Klasse:	Datum:

S. 517–558

14. Was bedeuten die Abkürzungen **OGW**, **UGW**, **OEG**, **UEG**, **OWG**, **UWG** in einer Qualitätsregelkarte?

15. Welche Bedeutung haben die Grenzen für Sie als Facharbeiterin oder Facharbeiter und für die Qualitätskontrolle?

Für die Fachkraft:

Für die Qualitätskontrolle:

16. Beschreiben Sie die abgebildeten Verläufe bzw. zeichnen Sie die Verläufe aufgrund der Beschreibung für die genannten **Stabilitätsregeln**.

Stabilitätsregel	Verlauf	Beschreibung
Natürlicher Verlauf	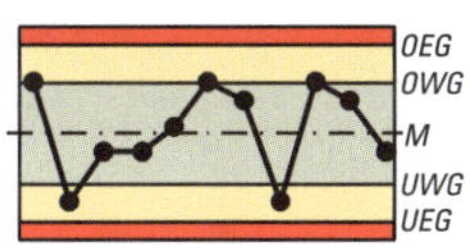	alle Werte innerhalb der Eingriffsgrenzen; 2/3 der Werte im Bereich ± 2s
Werte nahe den Eingriffsgrenzen	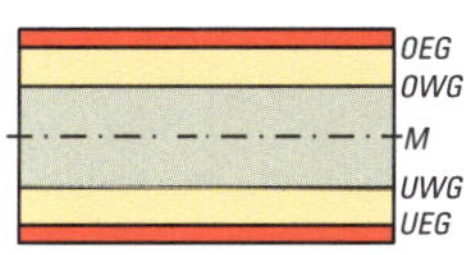	verschärft beobachten; umgehend weiter Stichproben entnehmen; falls unverändert, Prozess korrigieren
Eingriffsgrenzen über- oder unterschritten	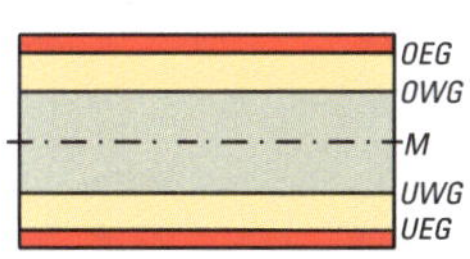	Maschine nachstellen; 100% Prüfung der seit der letzten Stichprobe gefertigten Teile
Run	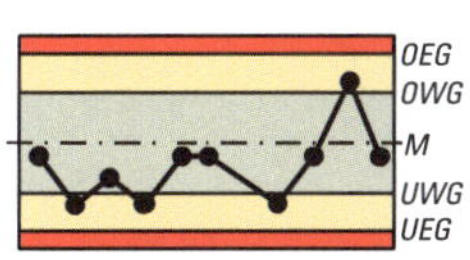	
Trend fallend/ steigend	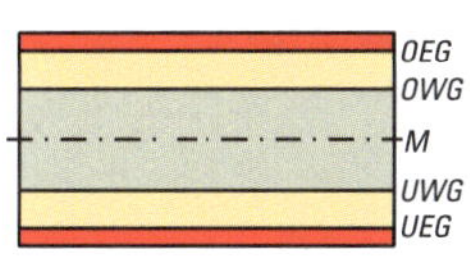	sieben aufeinander folgende Werte fallend oder steigend; Prozess unterbrechen; Ursache, z. B. Werkzeugverschleiß, beheben
	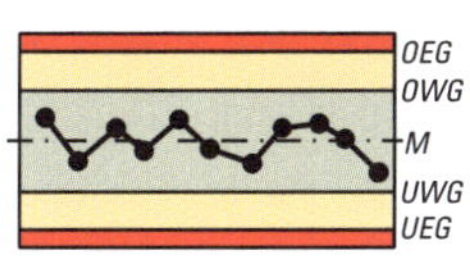	mindestens 15 Werte hintereinander im Bereich ± *s*; Prüfergebnisse prüfen; ggf. Prozessverbesserung nutzen

Name:	Klasse:	Datum:

17. Über die Qualitätsregelkarte zusammen mit den Eingriffsgrenzen und unter Anwendung der Stabilitätsregeln, können systematische Einflüsse, die nachteilige Auswirkungen auf den Fertigungsprozess haben, ermittelt werden. Nennen Sie zwei systematische Einflüsse.

18. Unter welchen Bedingungen kommt eine sogenannte **Fehlersammelkarte** zum Einsatz?

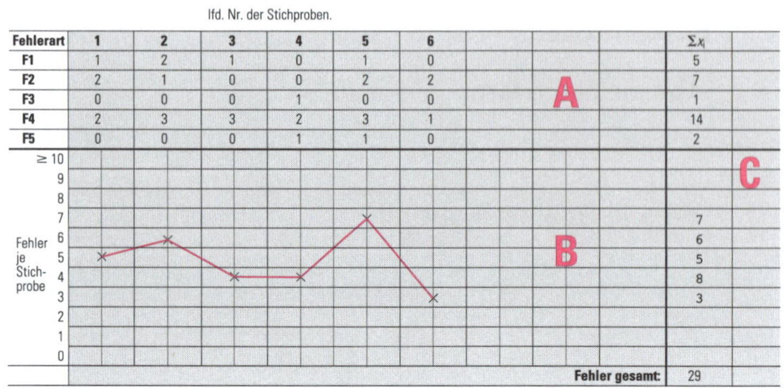

19. Beschreiben Sie anhand der Buchstaben im Bild zu Aufgabe 18 den Aufbau einer Fehlersammelkarte.

Bereich A:

Bereich B:

Bereich C:

Merke

Mit den auf einer Fehlersammelkarte gesammelten Daten kann für jede Fehlerart eine Qualitätsregelkarte geführt werden. Für die Berechnung der Eingriffsgrenzen stehen Formeln zur Verfügung. Die Fehlersammelkarte wird auch für Eingangskontrollen verwendet.

20. Aus welcher Unterlage ist für die Fachkraft der Zerspantechnik ersichtlich, in welchen Abständen Stichproben zu nehmen und welche Merkmale zu messen sind?

Name:	Klasse:	Datum:

Prozessüberwachung

1. Bei der **Prozessüberwachung** mittels einer Qualitätsregelkarte oder basierend auf rechnergestützten Prozessanalysen fällt auf, dass die Eingriffsgrenzen (OEG und UEG für $\bar{x}$, im Bild rot) weit von den Toleranzgrenzen (UGW = 73,95 mm, OGW = 74,05 mm) entfernt liegen. Warum ist das notwendig?

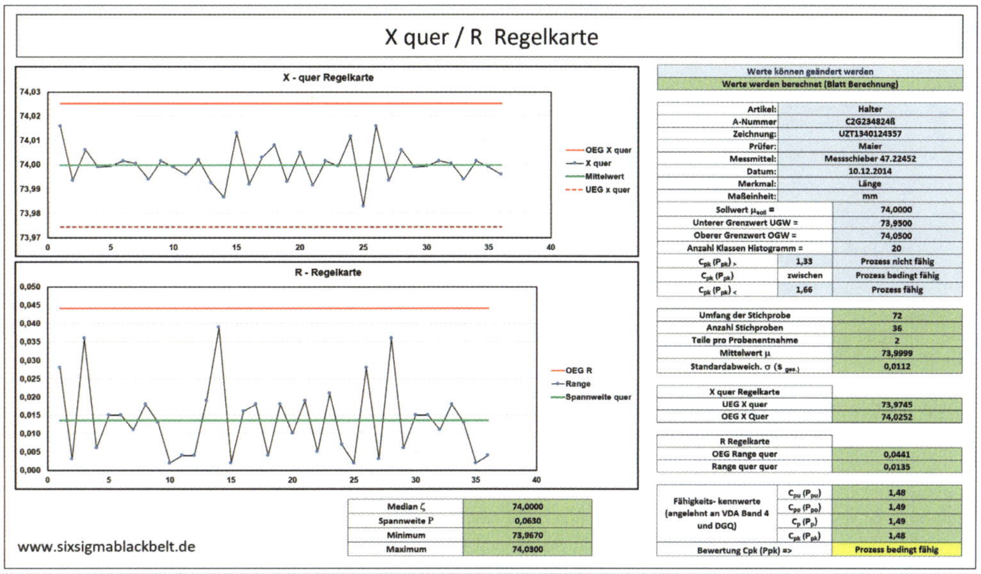

2. Unter welchen Bedingungen können die Eingriffs- und Warngrenzen bei der Prozessüberwachung geringfügig erweitert werden?

Prozessmodelle

1. Aus welchem Grund ist es sinnvoll, Grundmuster oder **Verteilungsmodelle** zu kennen, die immer wieder bei der grafischen Darstellung und Auswertung von Messwerten im Rahmen der Prozessüberwachung vorkommen?

2. Die folgenden Verteilungsmodelle (C4 und C3) zeigen jeweils
- die Gaußkurven mehrerer Stichproben. Am Ende wird symbolisch die Summe gebildet.
- den Werteverlauf der Einzelwerte
- das Histogramm und die Gaußkurve der Einzelwerte

Bewerten Sie die Prozesse aufgrund der gezeigten Abbildungen. Nennen Sie mögliche Ursachen für die gezeigten Verläufe.

Name:	Klasse:	Datum:

S. 517–558

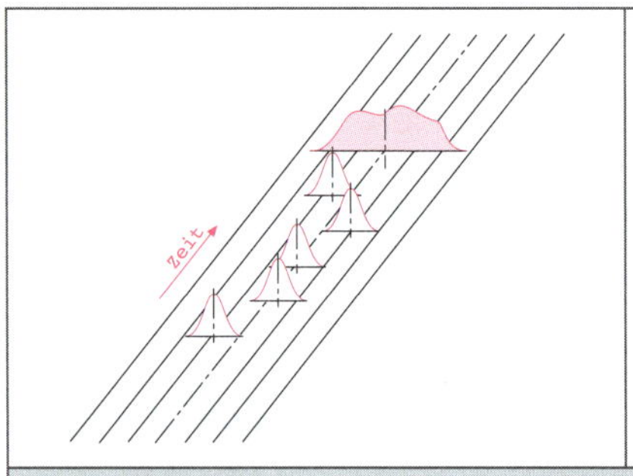

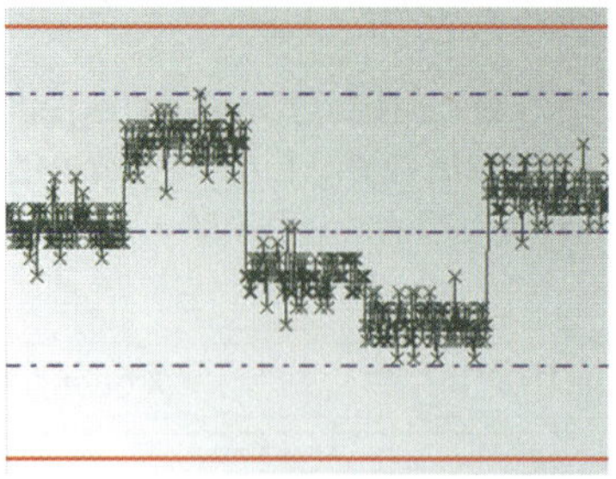

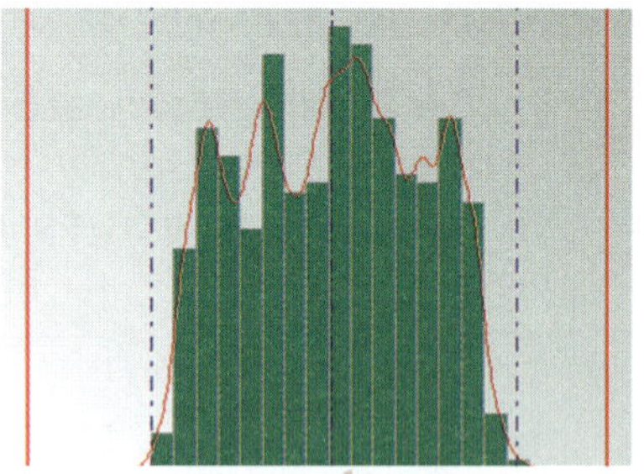

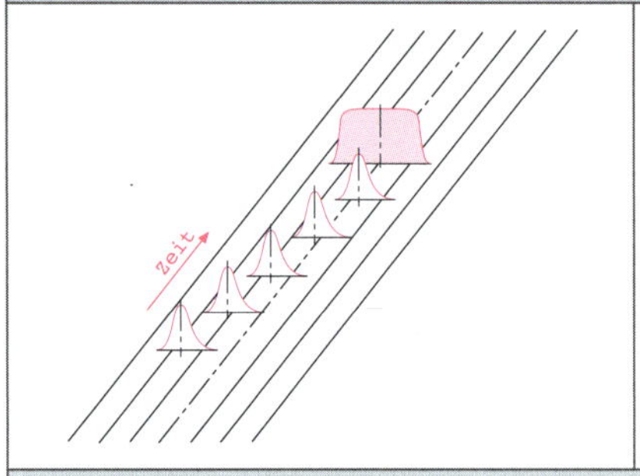

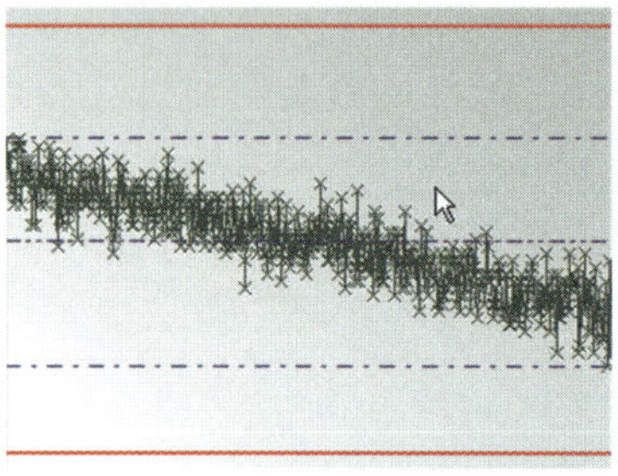

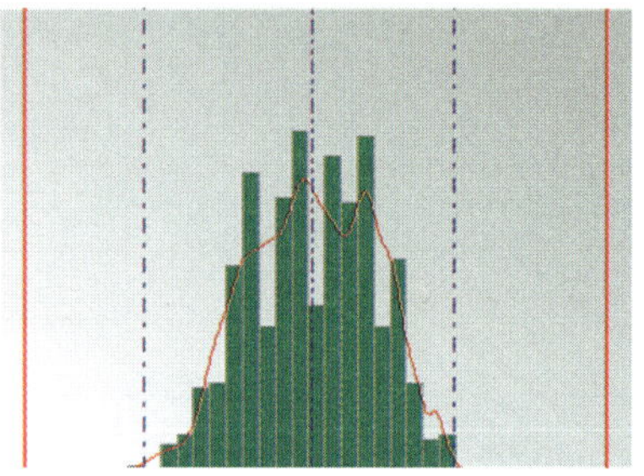

Box Plot

1. Unter welchen Umständen ist **Box Plot Methode** ein angebrachtes Mittel der Prozessüberwachung?

2. Vervollständigen Sie folgenden Sätze zur Box Plot Methode.

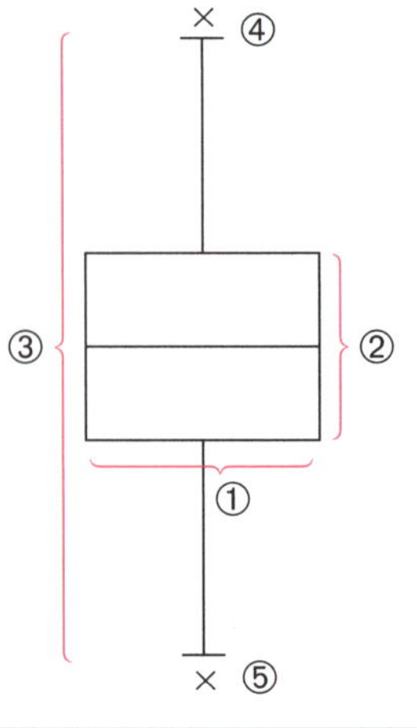

Die Breite ① der Box gibt den ______ an.

Die Höhe ②, der Box gibt den Bereich an, in dem ______ der Messwerte liegen.

Die Länge ③ des Intervalls zwischen größtem und kleinstem Messwert zeigt an, wie viel ______ in diesem Bereich liegen.

Das obere ④ und untere ⑤ Ende der Box stellt die Werte für den ______ Messwert dar.

Name:	Klasse:	Datum:

100%-Kontrolle

1. Unter welchen Umständen muss die statistische Auswertung der aus den Stichproben gewonnenen Messwerte und Erkenntnisse durch eine **100%-Kontrolle** ersetzt werden?

2. Finden Sie heraus, ob in ihrem Betrieb 100%-Prüfungen und / oder Stichprobenprüfungen von Bauteilen durchgeführt werden und präsentieren Sie die Ergebnisse Ihren Mitschülern.

Statistische Qualitätsregelung

Merke

Die statistische Auswertung der aus den Stichproben gewonnenen Messwerte führt zu Erkenntnissen und Rückschlüssen auf den Fertigungsprozess. Diese Zusammenhänge werden auch als **statistische Qualitätsregelung** bezeichnet.

1. Skizzieren Sie die statistische Qualitätsregelung mit Anlehnung an den Begriff des Regelkreises.

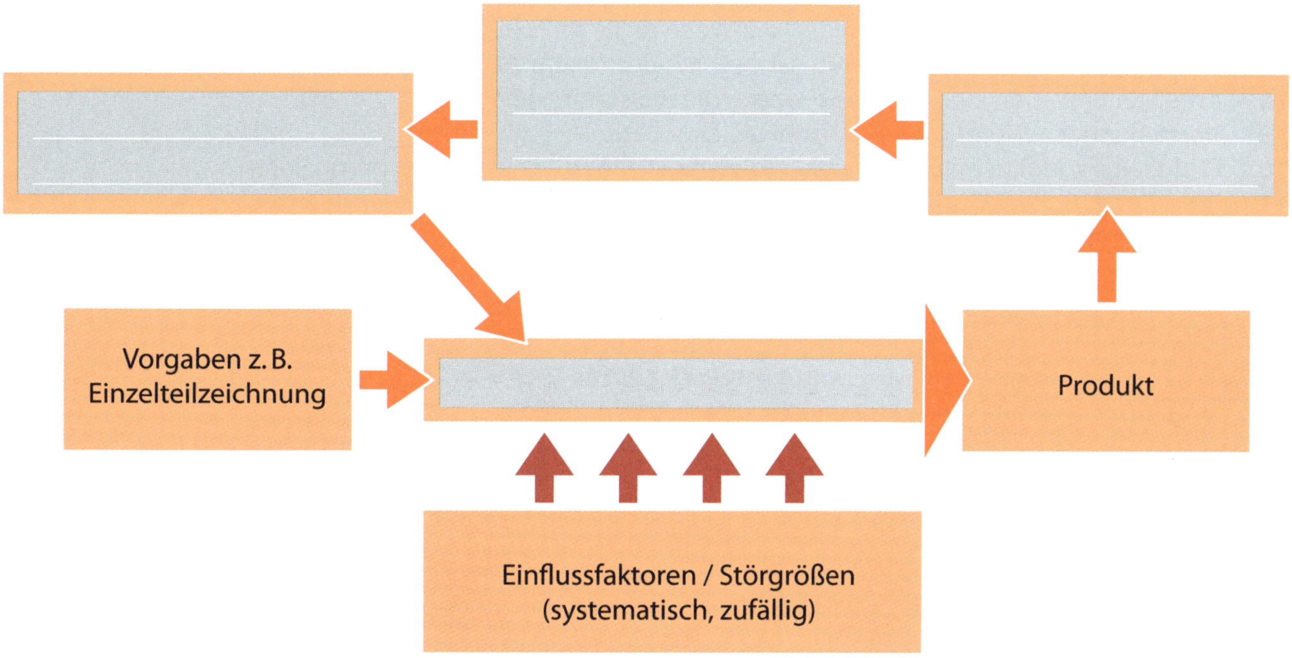

Name:	Klasse:	Datum:

Kreuzworträtsel

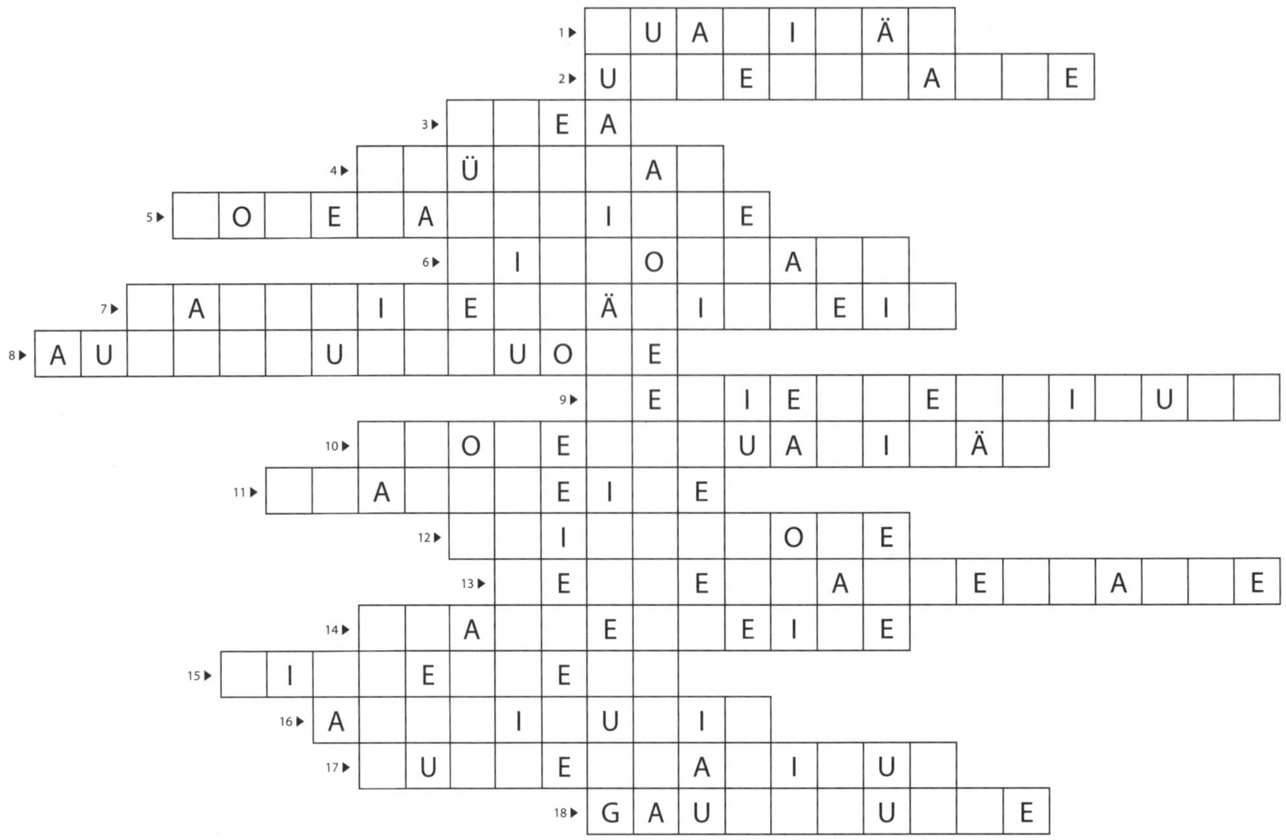

1. Der Grad, in dem ein Satz ständig vorhandener Produktmerkmale die Anforderungen erfüllt
2. Karte auf der Ausreißer, Trends und Ausschussteile mehrerer Stichproben zu erkennen sind
3. Abkürzung für Fehler-Möglichkeits- und Einfluss-Analyse
4. Plan in der Qualitätssicherung, der die Prüfmerkmale und dazu nötigen Hilfsmittel auflistet
5. Bereich der Toleranz eines Maßes, der bei den Überlegungen zur Qualität angestrebt wird
6. Grafische Darstellung der Verteilung der Werkstücke im Toleranzfeld
7. Fähigkeit einer Maschine ein Bauteil innerhalb der Toleranz zu produzieren
8. Anteil an Bauteilen einer Serie in Prozent, die Ausschuss darstellt
9. Herstellung einer sehr großen Anzahl gleicher Bauteile
10. Fähigkeit, Produkte mit festgelegten Toleranzen, Oberflächen etc. zu produzieren
11. Differenz zwischen dem größten und kleinsten Maß eines Stichprobenumfangs
12. Anzahl von Teilen, die einem Fertigungsprozess entnommen werden, um statistische Auswertungen des Fertigungsprozesses vorzunehmen
13. Karte für ein etabliertes Verfahren zur Auswertung von attributiven Prüfungen
14. Maß für die Breite eines Balkens in einem Histogramm
15. Arithmetisches Mittel der Messwerte einer Stichprobe
16. Anderes Adjektiv für qualitativ beobachtbare Prüfmerkmale
17. Höchster Punkt einer Gaußkurve
18. Symmetrischer Graph zur Abbildung einer Normalverteilung (Beachte: ß = ss)

Name:	Klasse:	Datum: